Wunibald Müller

WAS UNS WIRKLICH NÄHRT

Für eine geerdete Spiritualität

Matthias-Grünewald-Verlag · Mainz

Meiner Schwester Maria Weckbach
zum 50. Geburtstag gewidmet

 Der Matthias-Grünewald-Verlag ist Mitglied der
Verlagsgruppe engagement

Die Deutsche Bibliothek – CIP-Einheitsaufnahme

Müller, Wunibald:
Was uns wirklich nährt : für eine geerdete Spiritualität / Wunibald Müller. – Mainz :
Matthias-Grünewald-Verl., 1997
ISBN 3-7867-2052-5

Umschlag: Kirsch & Buckel Grafik-Design GmbH, Wiesbaden, unter Verwendung eines
Gemäldes der Malgruppe der Schule für Körperbehinderte, Hochheim
Satz: Studio für Fotosatz und DTP, Ingelheim
Druck und Bindung: Wagner, Nördlingen

ISBN 3-7867-2052-5

INHALT

TEIL II
WAS UNS WIRKLICH NÄHRT – IN GOTTES LIEBE
BLEIBEN

TEIL III
WAS UNS WIRKLICH NÄHRT – DEN EIGENEN
WEG GEHEN

VORWORT

„Die Ehre Gottes ist der lebendige Mensch und das Leben des Menschen ist das Schauen Gottes", sagt Irenäus von Lyon. In diesen Worten wird die Spannung deutlich, der eine gesunde Spiritualität ausgesetzt ist und ausgesetzt sein muß, will sie wirklich zu einer Speise werden, die uns nährt. Eine gesunde Spiritualität muß die menschliche Situation ernstnehmen und kann nur bei einer gesunden Einstellung gegenüber den menschlichen Bedürfnissen, Wünschen und Sehnsüchten gedeihen. Zugleich muß sie aber auch, ohne den Kontakt mit der menschlichen Situation zu verlieren, in einen Bereich vorstoßen können, der unser übliches Denken, Wollen und Sehnen übersteigt. Hier immer die richtige Balance zu finden, ist schwer. Es besteht zum einen die Gefahr, in der menschlichen Situation hängenzubleiben und den Schritt in die das alltägliche Leben zugleich umgreifende und es überschreitende Dimension nicht zu wagen. Die andere, nicht weniger folgenschwere Gefahr besteht darin, die menschliche Situation zu wenig zu beachten, mit dem Ergebnis, daß die Spiritualität von der Lebenswirklichkeit abgespalten und eine Dynamik entfacht wird, die am eigentlichen Leben vorbeigeht.

Unsere Spiritualität muß Nahrung sein für uns. Sie muß uns stärken, sie muß dazu beitragen, daß unser Leben sich entwickeln und entfalten kann, daß wir lebendige Menschen werden. Viele Menschen sehnen sich nach spiritueller Erfahrung. Dabei müssen sie oft die Erfahrung machen, daß die Kirche, wie es Henri Nouwen einmal sagte, statt den Weg zu Gott zu ebnen, den Weg zu ihm blockiert. Das kann dazu führen, daß diese Menschen sich zunächst einmal von der Kirche verabschieden müssen, um überhaupt wieder einen Zugang zu einer Spiritualität zu finden, die sie als lebensfördernd erleben.

Die folgenden Überlegungen verstehen sich als Reflexionen über eine Spiritualität, die nährt, die zum Segen des Menschen beiträgt. Ich stütze mich dabei auf meine Erfahrungen als Theologe und Psychotherapeut und mein eigenes persönliches Erleben. Ich will damit Menschen Mut machen, nicht aufzuhören, nach einer Spiritualität zu suchen, die dazu beiträgt, daß sie mehr und mehr lebendige Menschen werden. Das aber, so meine Überzeugung, vermag nur eine Spiritualität, die in das Konzert des ganzen Lebens integriert ist.

Ich widme dieses Buch meiner Frau Ilse Katharina, unseren Kindern Dorothea und Thomas, den Menschen, die mich am meisten wirklich nähren, weiter meiner Schwester Maria Weckbach zum 50. Geburtstag sowie Sr. Primosa Werner aus Unterwössen als Dank für ihre Gastfreundschaft.

Wunibald Müller

PROLOG

So spricht der Herr:
Auf, ihr Durstigen,
Kommt zum Wasser!
Auch wer kein Geld hat, soll kommen.
Kauft Getreide und eßt,
Kommt und kauft ohne Geld,
Kauft Wein und Milch ohne Bezahlung.

Warum bezahlt ihr mit Geld,
Was euch nicht nährt,
Und mit dem Lohn eurer Mühen,
Was euch nicht satt macht?
Hört auf mich,
Dann bekommt ihr das Beste zu essen
Und könnt euch laben an fetten Speisen.

Neigt euer Ohr mir zu,
Und kommt zu mir,
Hört,
Dann werdet ihr leben.
Ich will einen ewigen Bund mit euch schließen
Gemäß der beständigen Huld,
Die ich damit erwies.

Jesaja 55, 1–3

TEIL I

WAS UNS WIRKLICH NÄHRT – FÜR EINE GESUNDE SPIRITUALITÄT

Ich traute meinen Ohren nicht, als ich bei der Sonntagsmesse in Scheffau in Tirol folgenden Text aus Jesaja 55 hörte: „Warum bezahlt ihr mit Geld, was euch nicht nährt, und mit dem Lohn eurer Mühen, was euch nicht satt macht? Hört auf mich, dann bekommt ihr das Beste zu essen und könnt euch laben an fetten Speisen. Neigt euer Ohr mir zu, und kommt zu mir, hört, dann werdet ihr leben." Ich war in diesen Urlaubstagen gerade dabei, meine Aufzeichnungen zum Thema „Was uns wirklich nährt" zusammenzustellen. Hatte ich bereits mehr als vielleicht sonst dem Text Aufmerksamkeit geschenkt, als es hieß, die Lesung sei aus Jesaja, so war ich ganz Ohr, sobald ich die ersten Worte vernommen hatte. Je mehr ich den Worten Jesajas lauschte, desto innerlich wacher wurde ich. Seine Worte berührten mich auf eine angenehme Weise. In diesen Worten, die ich bisher nicht bewußt wahrgenommen hatte, fand ich zusammengefaßt und zum krönenden Abschluß gebracht, was mir in den vergangenen Wochen und Monaten zum Thema „Was uns wirklich nährt" eingefallen war. „Neigt euer Ohr mir zu, und kommt zu mir, hört, dann werdet ihr leben." Darum geht es. Das ist die Nahrung, die uns wirklich nährt. Das setzt voraus, daß wir auch dem Wein und dem Brot zusprechen, denn eine gesunde Spiritualität muß die menschliche Situation ernst nehmen und kann nur bei einer gesunden Einstellung gegenüber den menschlichen Bedürfnissen, Wünschen und Sehnsüchten gedeihen. Um gesund zu sein, genügt es aber nicht nur, körperlich und psychisch wohlauf zu sein. Die spirituellen Bedürfnisse, Wünsche und Sehnsüchte müssen gleichermaßen berücksichtigt werden.

1. KAPITEL
WAS UNS WIRKLICH NÄHRT

1. WAS KANN UNS IN DER THERAPEUTISCHEN UND SEELSORGLICHEN BEGEGNUNG NÄHREN?

In der letzten Zeit ist mir aufgefallen, daß ich immer wieder während therapeutischer Sitzungen das Wort „nähren" gebrauche. Es geht mir dabei darum, die ratsuchende Person für das sensibel zu machen, was ihr wirklich gut tut. Sie soll wach werden für das, was sie wirklich nährt, so daß sie spürt: Ja, das sättigt mich, das stillt meinen Hunger; das ist etwas, das mich aufbaut und mir Kraft verleiht.

Wie aber kann ich als Therapeutin oder Seelsorger dazu beitragen, daß die Ratsuchende in der Begegnung mit mir erfährt, was sie nährt? Spontan muß ich an den Ausspruch von Martin Luther denken: Der Prediger müsse die Zitzen von der Kanzel herabhängen lassen, da das Volk Milch braucht. Dieser Ausspruch gefällt mir. Übertragen auf die therapeutische und seelsorgliche Situation kann das heißen: Die Ratsuchende, die zu mir kommt, verlangt nach etwas, das sie nährt. Sie kommt hungrig, manchmal sogar ausgehungert, zu mir. In der Begegnung mit mir will sie ihren Hunger stillen. Sie möchte etwas erfahren, das sie stärkt und aufbaut.

Ich kann, so meine Erfahrung, als Therapeut dazu beitragen, wenn ich sie zum Beispiel auf das aufmerksam mache, was sie in ihrem vergangenen und augenblicklichen Leben genährt hat und weiterhin nährt, damit sie wieder offener dafür werden kann, diese Erfahrungen bei sich zuzulassen und mit den Auswirkungen dieser Erfahrungen wieder stärker in Berührung zu kommen.

Eine 60jährige Frau leidet sehr darunter, als Kind wenig Zuneigung von ihrer Mutter erfahren zu haben. Sie kommt sich immer noch wie ein kleines Kind vor, das danach verlangt, angeschaut, akzeptiert, von der Mutter gedrückt zu werden. Es dauert lange, bis sie sich daran erinnert und dann auch zunehmend zuläßt, was ihr der Vater bedeutet hat. Er hat ihr vieles von dem gegeben, was ihr die Mutter vorenthielt. Je mehr sie die positiven Erfahrungen mit dem Vater zuläßt, spürt sie, wie sie sich angeschaut, angenommen, in den Arm genommen und geküßt erlebt. Das Entdecken und Zulassen dieser Erfahrung mit dem Vater nähren und stärken sie.

Der 55jährige Mann, der mit sechs Jahren seine Mutter verloren hat, kann sich nur noch an eine Situation mit ihr erinnern: Er liegt krank darnieder, schlägt die Augen auf und schaut in das Gesicht der Mutter. Wenn er sich immer wieder diesen Blick der Mutter vor Augen hält und dabei all die Wärme, Sorge, Liebe und Zuneigung, die davon ausgehen, in sich aufsaugt, vermag ihn das emotional zu nähren. Als Therapeut führe ich ihn an diese Nahrungsquelle heran. Ich kann dabei selbst für eine Weile – stellvertretend – zu dieser Mutter werden indem er in der Begegnung mit mir, im Blick auf mich, die Wärme, Sorge, Liebe und Zuneigung spürt und erfährt, die er einst von seiner Mutter erfuhr. In der Erfahrung meiner Wärme und Zuneigung wird in ihm ganz vorsichtig die von der Mutter erfahrene Liebe aufgeweckt, gleichsam wachgeküßt, um sich immer mehr in ihm zu verbreiten, ihn zu erwärmen, zu stärken und zu nähren.

„Jetzt, glaube ich, ist so etwas wie eine Sättigung eingetreten“, so sagt die fast 40jährige Frau. Sie war als Jugendliche von einem Bekannten sexuell mißbraucht worden. Über viele Jahre hatte sie versucht, vornehmlich durch therapeutische Begleitung, die traumatischen Erfahrungen dieses Ereignisses aufzuarbeiten. Sie vermochte nicht, sich anzunehmen und die Zuneigung anderer bei sich zuzulassen. Die Annahme und die Zuneigung ihrer Mitmenschen kamen nicht bei ihr an. „Es ist wie bei einem Faß

ohne Boden", sagt sie. Nach vielen Jahren psychotherapeutischer und spiritueller Begleitung spürt sie, wie sich über der Stelle, an der vorher ein Loch war, eine dünne Schicht gebildet hatte. Da war etwas gewachsen. Die Zuneigung der anderen fiel nicht länger in ein Loch, sondern wurde jetzt aufgehalten, konnte sich jetzt in ihr ansammeln und ausbreiten. In ihr war jetzt ein Resonanzboden vorhanden, der für Zuneigung empfänglich ist. Es ist schön zu sehen, wie sie sich seitdem geöffnet hat und auf andere zugehen, sie berühren und in den Arm nehmen kann. Die zeitweilige Starre in ihrem Blick ist gewichen. Leuchtende, frohe, zuversichtlich dreinblickende Augen sind an ihre Stelle getreten. Jetzt kann ihr Verlangen nach Liebe, Anerkennung und Zuneigung gesättigt werden. Und gesättigt davon, vermag sie anderen Liebe, Anerkennung und Zuneigung zu schenken.

Manchmal kann es auch Nahrung für die Seele des Ratsuchenden sein, wenn ich ihm erlaube, statt die schmerzvolle Vergangenheit aufzuarbeiten, davon zu erzählen, was ihm Spaß macht und wonach seine Seele verlangt. Thomas Moore (1995,19f.) berichtet aus seiner therapeutischen Praxis: „Ich arbeitete mit einem Mann, der gerade aus einer Entgiftungsstation entlassen worden war; er hatte die furchtbarste Mißbrauchsgeschichte hinter sich, die man sich vorstellen kann, und er blickte auf ein Leben voll von Verbrechen und Suchtverhalten zurück. Er hielt überhaupt nicht viel von Therapie; darin waren wir uns einig, denn zu diesem Zeitpunkt hielt auch ich nicht viel von einer Therapie. In der Zeit, als wir miteinander arbeiteten, las er sehr viel - Literatur, Philosophie. Das Material, das er las, war für ihn von großer Bedeutung und besaß für ihn einen hohen Stellenwert. Wenn er zu mir kam, war klar, daß er mit mir über das sprechen wollte, was er las, und das taten wir dann auch. Nach einigen Sitzungen sagte er: ‚Sollte ich nicht eigentlich über meine Kindheit erzählen? Wie Sie wissen, hatte ich eine ziemlich schreckliche Kindheit.‘ Ich sagte: ‚Ja natürlich, wenn Sie das möchten. Wir können über das sprechen, über das Sie sprechen wollen.' Er sagte daraufhin: ,Ja, um ehrlich zu sein, ich bin nicht so sehr an diesen Dingen interessiert.' So fuhren wir fort, über das zu reden, was ihn beschäftigte. Mir war klar, daß diese Unterhaltungen – über die neue angenehme Welt, die er durch die Bücher entdeckte – nährend für ihn waren, und das auf eine Weise, wie es die Diskussion über seine persönliche Vergangenheit nicht gewesen wäre."

Ich kann als Begleiter für den Ratsuchenden auch selbst zur Nahrung werden. Mein Dasein für ihn, mein Interesse und meine Liebe als Respekt, Annahme und Zuneigung zu ihm, nähren ihn und bauen ihn auf. Sie sind Nahrung für seine Psyche, sein Herz und seine Seele. Und es ist wohl vor allem diese Erfahrung des Nährens, die zu seinem Wachstums- und Genesungsprozeß beiträgt. Sie ist es sicher oft mehr als eine Einsicht oder ein kluger Ratschlag. Die Nahrung, die wirklich am Leben erhält, mag daher oft nicht der ersehnte Ratschlag sein, der für den Augenblick zu sättigen scheint, sich langfristig aber nicht als hilfreich erweist, da er nicht zu einer Verwandlung oder Veränderung auf einer tieferen Ebene beiträgt. Was die ratsuchende Person wirklich sättigt, ist eine Erfahrung, die in ihre Tiefe einwirkt und dort Prozesse auslöst, die sie öffnen, weiter werden lassen und damit einhergehend Neues in ihrem Leben zulassen und möglich machen. Es ist ein Prozeß, der sie in eine größere Selbständigkeit führt.

Manchmal bitten mich Ratsuchende um einen Rat, in der Hoffnung, daß er ihnen weiterhilft. Wenn ich statt dessen mein Verständnis für die Hilflosigkeit anbiete, die ich hinter ihrer Bitte spüre, und meine Bereitschaft, sie in dieser Hilflosigkeit und durch die Phase dieses Erlebens zu begleiten, dann vermag ich zunächst – so scheint es – ihren Hunger nicht zu sättigen, sie nicht zu nähren. Doch längerfristig gesehen, erweist sich mein Angebot als eine Speise, die sie wirklich kräftigt. Ein schneller Ratschlag könnte sich sehr schnell als ein billiges Abspeisen erweisen.

Auf die Frage eines Seelsorgers, ob er einen Ratsuchenden hungrig mit einem Stein wegschicken könne, was seiner Ansicht nach geschieht, wenn er sich eines lenkenden Rates enthält, antwortet Carl Rogers (1958): „Ich kann nur sagen, daß gerade die Unzufriedenheit über die Ergebnisse, die sich zeigten, wenn der hungrige Mann mit dem Stein der Führung und des Rates weggeschickt wurde, mich zunehmend zur Erkenntnis führten, daß es für uns beide zufriedenstellender war, ihn mit dem nährenden Brot der Selbstlenkung zu entlassen."

Als Therapeut und Seelsorgerin will ich die, die hungrig und beladen sind, erquicken. Ich will dabei nicht als der große Ernährer oder Guru auftreten. In der Begegnung mit ihnen möchte ich zu ihrer Ermutigung beitragen. Sie sollen erleben, was sie aufbaut. Diese Menschen sollen die Erfahrung machen dürfen, die einer macht, der für eine Weile sich in den Armen eines anderen ausruhen darf und dabei neue Kräfte sammelt.

Du, mühselig und beladen wie du bist, komm zu mir. Ich will dich erquicken. Du bist willkommen. Ich habe Zeit für dich. Ich bin da für dich. Ich höre dir zu. Ich bin dir innerlich nahe. Ich bin interessiert an dir und an dem, was du mir zu sagen hast.

Wer das in der Begegnung mit einem anderen Menschen spürt und erfährt, wird erquickt und erhält Nahrung für sein Herz und seine Seele. Er erhält etwas, das ihn aufbaut und stärkt.

2. Der Mensch lebt nicht vom Brot allein

Doch lassen sich diese Erfahrungen in der Psychotherapie auch auf den Alltag, das sogenannte normale Leben übertragen? Zu nähren vermag mich nur eine Speise, von der ich wirklich leben kann. Ich verstehe darunter eine Nahrung, die den Hunger und den Durst, der aus meiner Mitte, dem Eigentlichen in mir kommt, stillen kann. Es ist eine Nahrung, die anhält, und eine Speise, die nicht nur Leben erhält, sondern Leben, wirkliches und wahres Leben, ermöglicht. Sie trägt zur Bereicherung unseres Lebens bei und macht Leben in Fülle möglich.

Der englische Begriff für nähren *nourish* meint auch hegen und pflegen. Diese Begriffe kennzeichnen ein Verhalten, das ich zunächst mit einer Mutter verbinde, die ihr Baby an ihrer Brust nährt und alles tut, was notwendig ist, daß es zu Kräften kommt und sich gesund entwickelt. Hier ist nähren ein Verhalten, das aus der Haltung und Einstellung der Sorge geboren wird. Es ist die Haltung, die der Hinwendung, Zärtlichkeit und Liebe für einen anderen Menschen zugrunde liegt.

Die Art der emotionalen Nahrung, die wir als kleine Kinder erfahren und erhalten, wirkt sich entsprechend auf unseren Untergrund, unsere Wurzeln, aus. Die im Stillen geschenkte Nähe der Mutter, die Sorge und Liebe, die uns unsere Eltern durch ihr Dasein und Für-uns-Dasein vermitteln, sind Erfahrungen, die uns in unserem Urgrund, in unserer Tiefe, nähren. Das Fehlen dieser Erfahrungen kann bedeuten, daß wir emotional unterernährt wurden und uns eine entscheidende Nahrung vorenthalten wurde. Diese Entbehrung kann bis in unser Erwachsenenalter hinein Auswirkungen haben. So wird die Qualität einer Beziehung, sei es in einer ehelichen Partnerschaft, in Freundschaften oder in der Beziehung unter Ordensfrauen oder Ordensmännern einer Gemeinschaft, immer auch davon abhängig sein, wieviel von dieser nährenden Grund-erfahrung bei den einzelnen vorhanden ist.

„Das war sicher Nahrung für mich", sagt meine Frau, als sie von den ausgedehnten Waldspaziergängen mit ihrem Vater erzählt. „Er faßte mich mit seiner starken Hand, und ich ging die ganze Zeit neben ihm her, während er mir eine Geschichte nach der anderen erzählte. Es waren vor allem Waldgeschichten. Manchmal gingen wir selbst in diese Geschichten ,hinein'. Wir stellten uns vor, wie wir in einer Waldhütte lebten, und es entspann sich ein Dialog zwischen uns. Ständig anwesend war

der Geruch seiner Zigarre, die in seinem Mundwinkel hing, und
an der er, während er erzählte, immer wieder zog."

Das Zusammensein mit dem Vater, das Spüren seiner festen Hand, der vertraute Geruch der Zigarre und das Eintauchen in seine Geschichten nährte die Tochter. Es war eine Nahrung, die anhielt, ja bis heute anhält. Hätte sie diese Stunden vor dem Fernseher verbracht, sie hätten nicht annähernd diese Wirkung gehabt wie die Erfahrung, an der Hand des Vaters im Wald spazierenzugehen. Es sind Erfahrungen, die sich tief bei ihr eingegraben und sie ihr Leben über begleitet haben. Sie waren bereits im Augenblick des Erlebens Nahrung, wie das Essen und die Luft. Diese Erfahrungen nährten aber auch etwas, das mit Essen und Luft allein nicht satt zu bekommen ist: die Sehnsucht nach Halt, Zugehörigkeit und die Erfahrung von Verläßlichkeit und Sicherheit.

Die Beziehung zu einem Menschen, die mich mit dieser Person wirklich verbindet, die uns beide erweitert und bereichert, kann Nahrung sein, die in die Tiefe hineinwirkt, die uns stärkt und unser Leben bereichert. Auch eine vertrauensvolle Haltung in etwas, das über uns hinausweist, kann zur Nahrung werden und sich entscheidend auf unser Leben und dessen Gestaltung auswirken. Unsere persönliche Beziehung zu Gott, unser unbedingtes Vertrauen in ihn kann zu einer Speise werden, die uns eine Freiheit und Gelassenheit verschaffen, die bis in unsere Grundfesten hinein Auswirkungen hat.

Die Erfahrung, daß andere uns schätzen, uns gerne haben, vermag uns zu nähren, wenn ein Nährboden dafür da ist; wenn wir früh in unserem Leben und tief in uns die nährende Erfahrung des unbedingten Angenommenseins machen durften. Das ist meiner Einschätzung nach die beste Nahrung, die uns zukommen kann. Es ist die Erfahrung, nach der wir uns auch am meisten sehnen, und zugleich das Erlebnis, das wir am schmerzlichsten vermissen, wenn es uns vorenthalten wurde oder wird.

Manchmal mag ich glauben, eine unmittelbare Befriedigung meines

Bedürfnisses mag mir guttun. Dabei mag das Aushalten, das Nicht-Befriedigen, der Frust, mir zur wirklichen Nahrung werden. So kann es mich nähren, wenn ich für eine bestimmte Zeit bewußt weniger esse, weil ich mir zuviele Pfunde zugelegt habe. Es kann mich nähren zu merken, daß ich weniger essen und mich zurückhalten kann. Auch baut es mich auf und stärkt mich, wenn ich mich auf die Waage stelle und feststelle, daß ich abgenommen habe, und vor allem, wenn ich am eigenen Leibe spüre, wie ich mich leichter, lockerer, einfach wohler fühle. Wenn ich bei einem Blick in den Spiegel feststelle, wie der Bauch verschwunden ist und mein äußeres Aussehen wieder mehr mit meinen ästhetischen Vorstellungen übereinstimmt, ist das eine gesündere Nahrung als Chips und Schokolade. Es nährt mich zu wissen, daß ich damit etwas für meine Gesundheit tue, den Cholesterin-Spiegel drücke, beweglicher und behender sein kann.

Oder es kann mir helfen, wenn ich müde bin und mich ausgelaugt fühle, mich nicht vor den Fernseher zu setzen und die Programme durchzuprobieren, sondern in diese Müdigkeit hinein einen Psalm zu beten, dabei die Müdigkeit, das Ausgelaugtsein zulassend. Ein Mich-Vollaufen-Lassen mit Getränken nährt mich nicht, sondern entkräftet mich und macht mich unbeweglich, faul, träge und schlapp. Es nimmt mir Energie und Kreativität und das innere Zufrieden-Sein mit mir, es distanziert mich von mir selbst. Wenn mich dagegen etwas wirklich nährt, hat das positive Auswirkungen auf mich und wirkt sich auf den ganzen Menschen aus. Eine sexuelle Begegnung kann mich nähren, wenn der Kontext stimmt und gewährleistet ist, daß die dabei gemachten Erfahrungen nachwirken und mein Leib, meine Gefühle, mein Herz, meine Seele mit einbezogen werden können.

Die Sexualität kann so etwas wie der Humusboden einer Beziehung und dann auch einer Familie sein. Von ihr geht dann Fruchtbarkeit aus, eine Fruchtbarkeit, die im sexuellen Zusammensein von Mann und Frau immer wieder erneuert, genährt, belebt und gelebt wird und sich dann über die sexuelle Begegnung hinaus auf den Alltag, die Arbeit, die Beziehung zu den Kindern, die Einstellung zum Leben und schließlich auch auf die Beziehung zu Gott auswirkt. Von einer solchen Sexualität geht Lebensförderndes aus, sie ist Ausdruck von Lust am Leben, sie umfaßt und feiert das Leben. Diese Fruchtbarkeit meidet nicht die Trauer, den Konflikt, die Enttäuschungen. Sie bietet sich als fruchtbarer, nährender Boden an. Schicksalsschläge, Krisen prallen nicht an ihr ab. Ein fruchtbarer Boden nimmt sie auf, läßt sie in sich hineinsickern, läßt sie in sich wirken, verarbeitet sie, macht sie nutzbar für die eigene Fruchtbarkeit, nährt sich davon, verwandelt sie in Kraft und Energie, um weiterhin lebendiger, fruchtbarer Boden sein zu können.

In einer Familie, in der die Sexualität den Humusboden für das Wachsen und Gedeihen in der Familie abgibt, wird Geschlechtlichkeit als etwas Schönes, Lebensbejahendes, Lustvolles, Positives, Gnadenvolles erfahren. Sexualität wird dort nicht versteckt, tabuisiert oder mit dem Spiegel des Verbotenen oder Anrüchigen versehen. Die Sexualität wird hier eine Atmosphäre verbreiten und ermöglichen, die dem Zulassen des Leiblichen, sexueller Gefühle und Phantasien einen weiten Raum läßt.

Das Sprechen von Gott und religiöses Erfahren ist hier verwoben mit der Fruchtbarkeit, die aus der sexuellen Erfahrung erwächst. Sie meiden nicht diese Fruchtbarkeit, sondern suchen ihre Nähe und erhalten auch von dort Nahrung, wie sie ihrerseits als Nahrung für den Humusboden, wie er aus einer bejahenden Haltung gegenüber der Sexualität erwachsen kann, dienen, ihn befruchten und bereichern.

3. Nahrung für die Seele

In einem Beitrag für „Christ in der Gegenwart" über das Recollectio-Haus in Münsterschwarzach, in dem Priester und Ordensleute für jeweils drei Monate psychotherapeutisch und spirituell begleitet werden, schrieb ich, daß die Männer und Frauen, die hierher kommen, an diesem Ort unter anderem spirituell und psychisch auftanken können. Der damalige Chefredakteur von „Christ in der Gegenwart", Manfred Plate, rief mich daraufhin an und meinte, wir sollten es doch endlich lassen, solche Begriffe wie „auftanken" zu verwenden. Im nachhinein muß ich ihm recht geben. Mit auftanken verbindet man allzu schnell eine Tankstelle, an der man vorbeifährt und den Tank nachfüllt, um gleich wieder weiterzufahren. Wir Menschen sind aber keine Autos. Auch ist das, was uns in Bewegung hält, nicht ein Motor, der mit Benzin unterhalten wird.

Im 18. Jahrhundert dachte der Philosoph La Mettrie, daß das menschliche Wesen eine Uhr sei. „Schau in die Tiefe deines Herzens und was siehst du da?", fragte er – „Ein Uhrwerk." Eine solche Vorstellung ist natürlich total unangemessen für etwas, das mit menschlichem Leben zu tun hat. Es ist so kalt, wie nur möglich (vgl. Moore 1995,15). Der Mensch hat keinen Motor oder ein Uhrwerk in sich. Er hat eine Seele.

Unter Seele versteht Thomas Moore jene geheimnisvolle Dimension in unserer Persönlichkeit, die uns nie ganz zugänglich sein wird, die aber eine einflußreiche Rolle bei allem, was wir tun, spielt. Wir wissen intuitiv (Moore 1994, XI), daß Seele mit Echtheit und Tiefe etwas zu tun hat, z.B. wenn wir sagen, daß eine bestimmte Musik Seele hat. Ein gutes Essen, eine erfüllende Unterhaltung, echte Freude, Erfahrungen, an die wir uns gerne erinnern und die unser Herz berühren, können beseelt sein. Seele zeigt sich im Angezogensein von einem Menschen, in Liebe, in der Erfahrung von Gemeinschaft. Die Seele verbindet Geist und Körper, Ideen und Leben, Spiritualität und Welt. Sie ist die große verbindende und integrierende Kraft in uns, die garantiert, daß wir den größeren und tieferen Zusammenhang sehen und beachten, wir vor Einseitigkeiten bewahrt bleiben, die uns, unserer Umwelt und Mitwelt schaden würden.

Unsere Seele kann man nicht aufladen, indem man sie über Nacht an den Strom anschließt. Und sie ist auch nicht auswechselbar wie Batterien. Für sie ist es zunächst wichtig, nicht vergessen, nicht zugedeckt und verstellt zu werden durch tausend Dinge, die anscheinend wichtiger sind.

Was aber nährt die Seele? Die Seele nährt sich im Schauen, im inneren Verweilen, im Meditieren und in der Kontemplation. Das Ergriffensein angesichts eines Sonnenuntergangs, das Erschauern, wenn wir einen erhabenen Augenblick erfahren, die Begegnung mit dem Tremendum und Faszinosum – da regt und zeigt sich unsere Seele, und diese Erfahrungen nähren sie. Der Kontakt zur Natur, das Lauschen schöner Musik, das Betrachten eines Kunstwerkes – all das vermag die Seele zu speisen. Ein Gebet, ein Gottesdienst können Nahrung für die Seele sein.

Wenn die Seele nicht genug Nahrung bekommt, bleibt eine ganz entscheidende Seite in uns unterentwickelt. Wir sind dann seelisch unterernährte Menschen, die ohne Tiefgang durchs Leben gehen, die von einer oberflächlichen Beziehung in die andere oberflächliche Beziehung flüchten, die dem Aktionismus verfallen sind, denen die Sensibilität für die Umwelt, die Mitmenschen, für das, was über sie hinausweist, aber auch für sich selbst, abhanden gekommen ist.

Diese seelische Unterernährung treffen wir vielfach auch unter den Seelsorgern und Psychotherapeutinnen an, die eigentlich für die Seele „zuständig" sind. Sie haben sich noch nicht auf jenen Weg gemacht, der dazu führt, daß sie in ihrem eigenen Leben der Seele die Führung überlassen. Viele von ihnen sind eher Verwalter einer „spirituellen Tankstelle" denn tatsächlich echte Seelen-Führer (vgl. Gilmartin 1996,104ff.). Psychotherapeuten und Seelsorgerinnen werden aber ihrer eigentlichen Aufgabe nicht gerecht, solange sie nicht in der Lage sind, die Seele der Menschen, die zu ihnen kommen, anzusprechen. Sie sollten dazu beitragen, daß deren Seele wieder ansprechbar ist und wieder die Bedeutung in ihrem Leben einnimmt, die sie einnehmen muß, wenn das Leben dieser Menschen wieder mit jener Kraft genährt und beseelt werden soll, die allein aus der Tiefe der Seele entbunden werden kann.

In der Seelsorge und in der Psychotherapie geht es letztlich um die *cura animarum*, die Sorge für die Seele, also darum, dafür Sorge zu tragen, daß die Seele die Nahrung erhält, deren sie bedarf, um in unserem Leben die Führung übernehmen zu können. Die Führung in unserem Leben übernehmen, aber heißt, unser Leben zu *beseelen*. Alles, was wir tun, ja alles, was wir denken und fühlen, soll sozusagen auch einen „Touch" von unserer Seele haben, soll von ihr berührt, von ihr mitbeeinflußt sein. „Wir verlangen geradezu exzessiv", so Thomas Moore (1994, XVI), nach Unterhaltung, Macht, Intimität, sexueller Erfüllung und materiellen Dingen, und wir glauben, daß wir das alles finden, wenn wir die richtige Beziehung oder den richtigen Job, die richtige Kirche oder Therapie entdecken. Doch ohne Seele wird, was immer wir finden, unbefriedigend sein. Denn wonach wir uns wirklich sehnen, das ist die Seele in allen diesen Bereichen. Solange dieses Beseeltsein fehlt, versuchen wir, diese verlockende Befriedigung in großen Mengen zu erlangen, und glauben dabei offensichtlich, daß die Menge den Mangel an Qualität ersetzen wird."

Wenn wir dagegen in Berührung sind mit unserer Seele, müssen andere Aktivitäten, muß eine andere Nahrung nicht herhalten für das, was uns wirklich fehlt, ohne damit freilich unseren eigentlichen Hunger stillen zu können. All die anderen Aktivitäten sind und bleiben dann auch wichtig. Ihnen wird aber nicht der Wert und die Bedeutung zugesprochen, die ihnen letztlich nicht entsprechen. Und sie werden gleichsam eingetaucht oder umfaßt von der Seele, die sie in das Gesamt unseres Lebens integriert und dafür Sorge trägt, daß sie zu unserem Segen beitragen und nicht losgelöst von unserer Mitte, unserer Seele, existieren.

2. KAPITEL
VORAUSSETZUNGEN FÜR EINE GESUNDE SPIRITUALITÄT

1. EINE SPIRITUALITÄT, DIE ZU EINEM PSYCHISCH GESUNDEN LEBEN BEITRÄGT

Manchmal wäre es angebracht, über dem Eingang einer Kirche, einer Diözese oder einer Ordensgemeinschaft ein Schild mit der Aufschrift anzubringen:

„Vorsicht! Wer hier eintritt, gefährdet seine spirituelle Gesundheit."

Aufgabe von Kirche oder einer Ordensgemeinschaft ist es, ein gesundes spirituelles Leben zu fördern. Oft tun sie das mit Erfolg. Auf der anderen Seite geschieht es aber auch, daß Religionen, Kirchen, Ordensgemeinschaften statt Menschen einzuladen, sich auf das Geheimnis Gott einzulassen, sich darauf beschränken, von ihnen vor allem das strikte Einhalten von Geboten zu fordern. Wenn das geschieht, besteht die Gefahr, daß die Entwicklung einer gesunden Spiritualität behindert beziehungsweise Spiritualität mit krankmachenden Einstellungen zum Leben verwechselt wird. So hart es klingt: Es gibt leider auch immer wieder die Erfahrung von Kirche, daß sie, wie es Henri Nouwen einmal sagte, statt den Weg zu Gott zu ebnen, den Weg zu ihm blockiert. Religionen, Kirchen und Ordensgemeinschaften, die zu sehr darauf konzentriert sind, die z.B. institutionellen Belange in den Vordergrund zu stellen, vernachlässigen oder ignorieren die Notwendigkeit, Menschen in ihrem spirituellen Suchen zu helfen. Ohne zu vergessen, welche bedeutenden Beiträge Religion, Kirchen und Ordensgemeinschaften geleistet haben, Menschen zu Gott zu führen, darf andererseits nicht übersehen werden, welche großen Ungerechtigkeiten und Unmenschlichkeiten durch sie entstanden sind. Sie haben dadurch Menschen auch spirituell geschadet.

Eine Religion, eine Kirche, eine Ordensgemeinschaft, die mich krank machen, die mich klein halten, die mich depressiv stimmen, mich auffordern, Gottes Schöpfung auszuplündern; die meine Kreativität und Spontaneität durch Kleinkariertheit und Dogmatismus töten, mich skrupulös machen und mit falschen Schuldgefühlen beladen, die machen mich nicht nur argwöhnisch, was ihre Legitimation und Zielrichtung angeht, sie sind für mich schlicht unannehmbar.

Für manche Menschen mag es daher bei ihrem Suchen nach einer beseelten, gesunden Spiritualität zunächst einmal wichtig sein, sich von einem Glauben oder einer Glaubensgemeinschaft zu verabschieden, die sie als lebensbehindernd erlebt haben. Sie möchten damit solche religiösen Vorstellungen aufgeben, die ein ungesundes Verhalten bei ihnen unterstützt haben.

Auf der anderen Seite ist es meiner Überzeugung nach wichtig, daß man, nachdem man sich von einer Theologie oder Religiosität verabschiedet hat, die einem geschadet hat, zu einer Spiritualität zu finden, die aus einer großen Tiefe kommt und einen wirklich zu nähren vermag. Denn die spirituelle Seite in uns ist lebenswichtig für ein geglücktes Menschsein. Um gesund zu sein, genügt es nicht, körperlich und psychisch fit zu sein; es ist auch wichtig, spirituell fit zu sein.

Ein Stuhl mit drei Beinen vermag nicht zu stehen, wenn ein Bein fehlt, sagt Richard Gilmartin. Wer daher aufgrund negativer Erfahrungen mit Religion oder Kirche den ganzen Bereich des Spirituellen aus seinem Leben verdrängt, kann ebenso Schaden an Leib und Seele erleiden wie der Mensch, der das Opfer einer Religion geworden ist, die ungesund ist und krank macht.

2. Eine Spiritualität, die in das Konzert des ganzen Lebens integriert ist

Ob mich etwas wirklich nährt, zeigt sich auch darin, ob etwas zu meiner Gesundheit beiträgt oder aber mich krank macht. Es gibt

Umstände, die Menschen krank machen, die wir, so scheint es, nicht beeinflussen können. Die gute Nachricht ist, daß wir auch einen Einfluß darauf haben, ob wir gesund bleiben oder krank werden. Unsere Aufgabe und Verantwortung ist es, diese Möglichkeiten zu beachten und sie zu unserem Vorteil zu nutzen. Drei Bereiche sind dabei zu berücksichtigen: die körperliche, psychische und spirituelle Gesundheit. Fehlt ein Aspekt oder kommt ein Aspekt zu kurz, dann kann nicht von Gesundheit im ganzheitlichen Sinne gesprochen werden.

Wenn ich im folgenden für eine gesunde Spiritualität plädiere, gehe ich von diesem ganzheitlichen Verständnis von Gesundheit aus, das zugleich ein ganzheitliches Verständnis von Spiritualität impliziert. Unsere Einstellung zu unserem Körper, der Umgang mit unserem Körper, unser Verhältnis zur Natur und die Art unserer sozialen Beziehungen haben entsprechende Auswirkungen auf unsere Spiritualität. Aber auch unser Verständnis und unsere Praxis von Spiritualität wirken sich entweder gesundheits- oder krankheits-fördernd auf unsere Psyche und unseren Körper aus. Bei einem anscheinend spirituellen Menschen beispielsweise, der seine Gesund-heit durch Rauchen und unmäßigen Alkoholgenuß ruiniert, stimmt spirituell etwas nicht. Er blendet etwas Entscheidendes aus seinem Leben und auch aus seinem spirituellen Leben aus.

Wir wissen heute, daß die entscheidenden „Auslöser" für Tod (vgl. Gilmartin 1996,6 ff.) nicht Herzinfarkt, Krebs und Schlaganfall sind, sondern die Weise, wir wir uns ernähren, die Verschmutzung unserer Umwelt und Streß. Untersuchungen in den USA besagen, daß bei 100 Toten für 50 Tote die Todesursache auf ungesundes Verhalten und einen ungesunden Lebensstil, für 20 Tote auf Umweltfaktoren zurückzuführen ist. Das heißt, weit mehr als Viren und Gene können ungesunde Ernährung, Umweltverschmutzung, Alkohol-, Nikotin- und Drogenmißbrauch, zu wenig körperliche Bewegung und das Nicht-Befolgen ärztlicher Ratschläge zum Tode führen.

Die Botschaft, die sich daraus ergibt, ist klar. Wir müssen lernen, auf eine Weise zu leben, die unserem Körper gerecht wird. Wir haben eine Verantwortung gegenüber unserem Körper. Diese Verantwortung zeigt sich unter anderem darin, daß wir „Nein" sagen zu dem, was uns schadet, und „Ja" zu dem, was unsere Gesundheit fördert. Wollen wir einen gesunden Lebensstil praktizieren, müssen wir aufhören zu rauchen, sorgfältig mit Alkohol umgehen, uns gesund ernähren, dafür Sorge tragen, daß wir genügend schlafen, und auf einer regulären Basis und an der Gesundheit orientiert körperliche Übungen, wie Laufen, Schwimmen, usw. praktizieren. Wenn wir lernen, auf eine Art und Weise zu leben, die unseren Körper ernst nimmt und respektiert, erhalten wir dafür inneren Frieden, Glück und ein gesünderes Leben (vgl. Gilmartin 1996,6ff).

Wer diese Erkenntnisse unterschlägt und nicht ernstnimmt, muß sich fragen lassen, welche Werte seine Spiritualität pflegt und fördert. Zugleich darf er sich nicht wundern, wenn seine Spiritualität nicht greift, sollte er versuchen, seine gesundheitlichen Probleme „rein spirituell", also zum Beispiel „allein" durch Beten zu lösen. Eine andere scheinbar spirituelle Person, die wesentliche Bereiche und Erfahrungen, die für ein ausgeglichenes psychisches Wohlbefinden notwendig sind, vernachlässigt, wird immer wieder erfahren, daß ihre Spiritualität die Bedürfnisse, Wünsche und Sehnsüchte, die mit einem ausgeglichenen psychischen Leben verbunden sind, nicht ersetzen kann.

Auf die Frage, was denn die grundlegenden Voraussetzungen für ein ausgeglichenes Menschsein sind, antwortete C.G. Jung (1994, 305):

„1. Eine gute körperliche und geistige Gesundheit.

2. Gute persönliche, nahe Beziehungen wie z.B. in der Ehe, in der Familie und in Freundschaften.

3. Die Fähigkeit, das Schöne in der Kunst und der Natur wahrzunehmen.

4. Angemessene Lebensbedingungen und eine befriedigende Arbeit.

5. Eine philosophische oder religiöse Weltanschauung, die einem helfen kann mit den Schwierigkeiten des Lebens erfolgreich zu Rande zu kommen."

Ein Mensch, der eine gesunde Spiritualität pflegen will, kann solche Erfahrungen und Erkenntnisse nicht übergehen. Seine Spiritualität kann zu seinem psychischen Wohlbefinden beitragen, wenn sie in das Konzert des ganzen Lebens integriert und gut mit den anderen Instrumenten abgestimmt ist, die genauso wichtig sind, damit alles in ihm und um ihm herum nach etwas klingt. Das aber setzt voraus, daß seine Spiritualität zu seiner körperlichen und psychischen Gesundheit beiträgt und offen dafür ist, von seinem Körper und von seiner Psyche mitgestaltet und mitbeeinflußt zu werden.

3. Weltstoff als Humus, um gedeihen zu können

„Unser christlich-religiöses Leben ist gehalten durch Gnade – das ist die personale Zuwendung Gottes zu uns, der Geist Christi, das Pneuma – aber getragen von den religiösen Kräften unserer Psyche", sagt Josef Goldbrunner (1990, 126). Die Beschaffenheit unserer Psyche ist entscheidend für unser religiöses Leben. Bei einem Menschen, bei dem das religiöse Leben nicht nur persönlich, sondern auch beruflich im Mittelpunkt steht, besteht die Gefahr, die religiösen Kräfte der Psyche zu sehr zu strapazieren. Das Religiöse, die Beschäftigung damit, vor allem aber das Zulassen und Eintauchen in religiöse Gefühle, nimmt soviel Platz im Leben und im psychischen Haushalt ein, daß die vorhandenen religiösen Kräfte gänzlich aufgebraucht werden und dabei andere lebensnotwendige Lebensbereiche zu kurz kommen.

Die Folge ist, daß die Betreffenden zunehmend unausgeglichen, mitunter ungenießbar werden. Es riecht bei ihnen, so Josef Goldbrunner (1990,126), „gefühlsmäßig nach Weihrauch, das drückt einem die Luft ab. Es geht eine solche Unlust von diesen sogenannten Frommen aus, daß man meint, der Welt um sie herum fallen langsam die Zähne aus. Das macht Seelsorge keineswegs attraktiv. Schlechte Laune sei ja auch das Laster der Frommen – sagt C.G. Jung."

Um zu verhindern, daß es so weit kommt, ist es wichtig, von vorneherein für einen Ausgleich zu sorgen. „Der religiös Strapazierte sollte möglichst viel Weltstoff aufsaugen ... Religiöses Leben braucht Weltstoff als Humus, um auf die Dauer gedeihen zu können" (Goldbrunner 126). Unter Weltstoff versteht Josef Goldbrunner unter anderem genügend Urlaub machen, reisen und wandern, singen oder ein Instrument spielen, einen Konzert- oder Theaterbesuch, einen Roman lesen.

Kunst, so Thomas Moore (1995,16), sei es als Malen, Poesie, Tanzen oder Musik, ist eine notwendige und vorzügliche Nahrung für die Seele. „Die Kunst nährt die Seele auf verschiedene Weise. Am offensichtlichsten wird das bei unserem Zeitempfinden." Er verweist auf Marsilio Ficino, einen Philosophen aus dem 15. Jahrhundert, der lehrt, daß die Seele zum Teil aus Zeit und zum Teil aus Ewigkeit besteht. Beide Seiten müssen berücksichtigt werden. Normalerweise schenken wir, so Thomas Moore, den Aspekten von uns viel Aufmerksamkeit, die mit Zeit zu tun haben. Wir kümmern uns um unsere Familien; wir verdienen unseren Lebensunterhalt; wir versuchen bestimmte Dinge bis zu einem bestimmten Zeitpunkt zu erreichen. Doch die Seele muß in Verbindung bleiben mit ewigen und zeitlichen Fragestellungen. Um das tun zu können, so Thomas Moore, „müssen wir zunächst einmal innehalten. So ist es eine der ersten Aufgabe der Künste, uns zum Innehalten zu bewegen. Ein Stück Musik, ein Gemälde, ein architektonisch schönes Gebäude können uns aus der Tretmühle unseres auf Funktionen ausgerichteten täglichen Lebens emporheben, um uns ein Stück des Ewigen zu zeigen, in unsere Seele einzutauchen. Sobald wir zum Innehalten gebracht worden sind, haben wir Gelegenheit zur Kontemplation. Ich habe den Eindruck, daß eine der Definitionen von Kunst darin besteht, daß sie uns hineinführt in die Kontemplation und uns auf diese Weise die Gegenwart der Welt intensiver erleben läßt. Das trifft in besonderer Weise auf bestimmte Gemälde zu. Auf Landschaftsbildern oder Stilleben zum Beispiel vermag uns der Maler eine Welt zu zeigen, in der Funktionen und alles, was auf das Praktische ausgerichtet ist, in den Hintergrund treten. Wir nehmen Formen wahr, die wir niemals zuvor sahen; Farben werden lebendiger oder feiner. Was sagt diese Erfahrung, wenn nicht, daß wir in unserem Denken großenteils den Reichtum von Details, der kleinen Dinge, die uns umgeben, übersehen? Solche Gemälde können uns führen, können für uns so etwas wie eine Anweisung bedeuten, können uns Vorstellungen vermitteln, wie wir unser Leben sehen, bewerten und wie wir darüber nachdenken können. Das aber meint Sorge tragen für die Seele."

Ich gehe in die Ausstellung „Das bunte Leben - Wassily Kandinsky im Lenbachhaus". Mit dem Zug bin ich zwei Stunden früher von Würzburg abgefahren, um in München eine Pause einlegen und die Ausstellung besuchen zu können. Bereits im Vorfeld meines Besuches freue ich mich auf die Ausstellung. Meine Reise nach Linz mit dem Ziel, dort ein Seminar zu leiten, wird dadurch unterbrochen. Ich steuere nicht zielbewußt auf die Erfüllung eines Auftrages zu. Ich nutze die Gelegenheit, auf dem Weg zu meinem Ziel durch München zu fahren, dazu, mir etwas Schönes zu gönnen. Mein Leben wird dadurch bunter, die Reise nach Linz zu einem Erlebnis. Die Unterbrechung ist wie ein Aufbrechen des Alltags, der sich öffnet, und aus dem ein Strahl quillt wie eine Fontäne, um sich über mich und den Tag zu ergießen. Es ist ein Ereignis, das mich, bevor es überhaupt stattfindet, froh macht. Das Ereignis selbst wird zum Höhepunkt und wirkt nach.
Und dann bin ich in der Ausstellung und stehe vor Kandinskys „Das bunte Leben". Er hat dieses Bild im März 1907 gemalt. Ich stehe vor dem Bild und sauge es auf. Die Menschen davor - die junge Frau mit ihrem Kind am Boden kniend - stören nicht. Sie gehören mit zu dem Bild, passen dazu. Und ich muß daran denken, wie mir schon sehr lange der Begriff „Die Buntheit des Lebens" gefällt. Gleich daneben hängt das Bild „Reitendes Paar", von dem Kandinsky schreibt: „Vieles von

meinen Träumen habe ich da verkörpert: Es ist wirklich einer Orgel ähnlich, Musik steckt drin. Das erweckt wieder Muth in mir zu anderen Sachen und schon 2 Mal habe ich das eigentümliche Herzzucken gehabt, was ich so oft früher hatte, als ich vielmehr Maler-Dichter war ... Morgen 40 ..."

Ich konzentriere mich auf einige Gemälde. Jetzt stehe ich vor den „Impressionen / Das Rudern", ein Bild das ich als Cover für mein Buch „Ekstase – Sexualität und Spiritualität" gewählt hatte. Es ist mir, als begegne ich einem Freund, jemandem, der mir inzwischen sehr vertraut ist, fast zu mir gehört. Dann bleibt mir noch etwas – viel zu wenig – Zeit, die „Komposition VII" zu betrachten. Dazu schreibt Kandinsky: „Gegensätze und Widersprüche – das ist unsere Harmonie". Die Buntheit des Lebens.

Nach dem Besuch im Lenbachhaus esse ich im Zug zu Mittag. Ich bin hungrig und genieße das Essen, wie ich zuvor den Besuch bei Wassily Kandinsky genossen habe. Dort habe ich einen anderen Hunger gestillt. Meinen Hunger, ja, nach was? Zunächst einmal, etwas Zweckfreies zu tun, Zeit zu verschwenden, Zeit herzuschenken, den strengen Rhythmus des Funktionierens zu durchbrechen. Es ist weiter der Hunger nach Schönem, das Verlangen, die einzigartigen Farben und Formen von Kandinsky bestaunen zu können. Und es ist in der Tat eine Labsal, dann vor den Bildern von Kandinsky zu stehen und sie zu betrachten. Einfach dafür offen zu sein, daß sie auf mich wirken, in mich einwirken, bei mir Phantasien, Gefühle, Sehnsüchte wecken, ja zur Orgel werden, deren Melodie mein Herz und meine Seele erreicht. Das ist Nahrung. Nahrung für die Seele.

„Wir alle brauchen seelische Nahrung", meint C.G. Jung (1994, 58). „Man findet sie nicht in Mietskasernen, wo keine grüne Matte, kein blühender Baum zu sehen ist. Wir brauchen auch eine ständige Verbindung mit der Natur."

Ein Spaziergang kann mich nähren. Ich gehe auf dem Schwanberg spazieren, versunken in Gedanken. Den Tümpel nehme ich wahr, lasse meinen Blick in den Wald streifen und werde regelrecht von meinen Gedanken weggezogen durch den Duft des frisch gemähten Heus. Ich beuge mich zur Erde, greife ein Bündel und rieche intensiv daran. Zurückversetzt fühle ich mich in die Zeit, als ich als Junge auf dem Heuwagen saß. Ich schaue mich um, schaue über die Felder, sauge die Landschaft in mich ein und spüre, wie sie mich nährt. Es tut mir gut, ganz bewußt in Beziehung zu treten zu der mich umgebenden Landschaft. Von ihr geht etwas Gutes aus, das mich aufbaut. Es ist wie mit Bildern, die mich erquicken, wenn ich sie anschaue. Sie lassen Seiten in mir ansprechen und bringen Saiten in mir zum Klingen, die zu meiner Verlebendigung beitragen. Im Unterschied zu den Schreckensbildern, die mir beim Fernsehen entgegentreten, oder zu Landschaften, die im Sterben liegen, oder Müllhalden, deren Anblick alles andere als nährt. Hätte ich nur sie – würden diese Seiten und Saiten in mir verhungern und verstummen.

Spielen kann mich nähren. Es läßt sich ein deutlicher Zusammenhang herstellen zwischen der Fähigkeit zu spielen und seelischer Ausgeglichenheit und Gesundheit. Beim Spielen geht es darum, etwas des Spaßes wegen zu tun, also ohne daraus einen bestimmten Nutzen oder finanziellen Gewinn erzielen zu wollen. Spielen bringt psychologisch gesehen einen Erneuerungsprozeß mit sich. Es handelt sich dabei um eine Erfahrung, bei der ich wieder kreativ werde.

Eine Ordensfrau, die in einer Organisation tätig ist, fühlt sich überfordert durch die ständigen Konflikte mit den Mitarbeitern und Mitarbeiterinnen. Das geht so weit, daß sie am liebsten gar nicht mehr zur Arbeitsstelle gehen möchte. Ist sie dort, ist sie ständig unter Spannung, vermag sich nicht zu konzentrieren und befürchtet jeden Augenblick, mit einer neuen Konfliktsitua-

tion konfrontiert zu werden. Allein der Gedanke an die Arbeitsstätte macht sie traurig und depressiv.

Am Morgen kommt sie nur schwer aus ihrem Bett. Eigentlich möchte sie gar nicht aufstehen, nur um sich dann wieder mit den Problemen in der Schule auseinandersetzen zu müssen. Sie steht gerade noch rechtzeitig auf, um nicht zu spät zu kommen. Das aber heißt: Sie geht nicht zur morgendlichen Eucharistiefeier und dem Chorgebet ihrer Mitschwestern. Auch nimmt sie nicht am gemeinsamen Frühstück teil. Am Abend fühlt sie sich zu müde, um zusammen mit ihren Mitschwestern die Rekreationszeit zu verbringen. Dabei, so sagt sie, würde mir genau das gut tun: mit meinen Mitschwestern zusammen zu beten, zu essen, mich mit ihnen zu unterhalten oder mit ihnen etwas Schönes zu unternehmen.

Das würde sie nähren. Es würde eine Art Gegengewicht zu der Welt der Arbeit darstellen, die sie im Augenblick auffrißt. Doch sie scheint durch diese Belastung so sehr aufgezehrt zu sein, daß sie das, was ihr helfen, sie nähren könnte, gar nicht mehr für sich nutzen kann. Sie muß gleichsam erst – zum Beispiel mit Hilfe einer Begleitung – aufgepäppelt, „gefüttert" werden, bis sie selbst wieder in der Lage ist, für sich Sorge zu tragen, indem sie das tut, was sie wirklich nährt.

Henry David Thoreau (1979, 193), der über ein Jahr lang in einer Hütte in einem Wald lebte, sagt von sich: „...ich war reich, wenn auch nicht an Geld, so doch an sonnigen Stunden und Sonnentagen, ich gab sie aus mit offener Hand. Auch bedauere ich nicht, daß ich nicht mehr von ihnen auf dem Katheder und in der Werkstatt verschwendete." Weiter meint er: „Die Kinder, die das Leben spielen, erfassen seine wahren Gesetze und Beziehungen richtiger als die Erwachsenen, die nicht fertig bringen, es würdig zu leben, sich aber durch Erfahrung, das heißt: das Fehlschlagen ihrer Pläne, für weiter halten."

Gerade für geistliche Menschen ist es wichtig, immer wieder

genügend Weltstoff zu sich zu nehmen. Dieser „Stoff" ist letztlich nicht weniger wichtig als die geistliche Nahrung. Oft vermag die geistliche Nahrung erst dann wirklich zu stärken, wenn andere, wichtige – körperliche und psychische – Bereiche gesättigt worden sind. Dann besteht auch nicht die Gefahr, die geistliche Nahrung als Ersatz für eine andere, eigentlich notwendige und anstehende Nahrung zu benutzen, um dann die Erfahrung zu machen, daß die geistliche Nahrung nicht sättigt. Die geistliche Nahrung kann dann nicht sättigen, weil sie Nahrung für etwas sein *soll,* für das sie keine Nahrung sein *kann.* Sie vermag nicht das Essen, einen Spaziergang, das Schwimmen, Sport treiben, die Erfahrung von Entspannung, das Sich-Befassen mit Literatur oder Musik zu ersetzen.

4. Eine positive Einstellung zu den Sinnen und zur Sinnlichkeit

Manchmal gewinnt man den Eindruck, als sei die Spiritualität etwas, das vorwiegend mit Askese und Disziplin, in keiner Weise aber etwas mit den Sinnen oder der Sinnlichkeit zu tun hat. Spiritualität hat auch viel mit Askese und Disziplin zu tun, spirituelle Erfahrungen haben viel mit Erleben von Verlassenheit, Trockenheit und von dunkler Nacht zu tun. Sie kennen manchmal und teilweise fördern sie geradezu Phasen der Entbehrung und Entäußerung. Solche Erfahrungen können und sollen uns nicht erspart werden. Sie sind ein unverzichtbarer Teil unseres Lebens und unserer Entfaltung. Auch haben sie ihre eigene Bedeutung und ihren eigenen Wert.

Askese, Verzicht, Entbehrung dürfen aber nicht als Verneinung von Vergnügen, Lust und Genießenkönnen gesehen und praktiziert werden. Sollte sich hinter einer asketischen Praxis eine negative Einstellung gegenüber den Sinnen, dem Vergnügen und der Lust verbergen oder sollte sich in der asketischen Praxis eine Unfähigkeit zum Genießenkönnen zeigen, dann besteht die Gefahr, daß die

Askese nicht zum Wohl und Segen einer Person beiträgt. Unsere Seele sehnt sich auch nach Vergnügen und Lust. Sie will auch genießen. Dieses Sehnen darf nicht zu kurz kommen oder zu schnell zugedeckt werden. „Wir unterdrücken", so Thomas Moore (1995, 18), „unser Verlangen nach Vergnügen und weiden uns an unseren Wunden. Doch, sobald wir damit anfangen, uns Vergnügen zu gönnen, findet unser Schmerz auch seinen Platz. Er ist dann nicht länger der Mittelpunkt unseres Lebens, sondern lediglich ein Aspekt unseres Lebens."

Eine positive Einstellung gegenüber unseren Sinnen ist von daher auch eine Voraussetzung für eine gesunde Spiritualität. Wer Askese übt, weil er oder sie eine negative Einstellung gegenüber den Sinnen und der Sinnlichkeit hat oder weil er unfähig ist, Vergnügen zu erfahren oder etwas zu genießen – was soll dann die Askese? Sie ist dann Ausdruck einer Unfähigkeit, die statt behoben idealisiert wird. Ganz anders kann ein Mensch, der „Ja" zu seiner Sinnlichkeit und zu seinen Sinnen sagt, diese spüren und aus Gründen, die mit einem „Ja" zu seinem Leben in Einklang zu bringen sind, bewußt und spürbar Verzicht leisten.

Eine gesunde Spiritualität kennt beides: Sie kennt das Aufgehen in der Sinnlichkeit, ihr Feiern und Genießen *und* sie kennt den bewußten Verzicht von sinnlichen Erfahrungen, das Aushalten von innerer und äußerer Trockenheit. Fremd ist einer gesunden Spiritualität dagegen eine aus Ängstlichkeit und Sinnenfeindlichkeit resultierende Sterilität, die einem den Atem nimmt und die dazu führt, daß Menschen nur noch ihren Kopf spüren. Eine gesunde Spiritualität ist sinnenfreudig. Sie läßt sich nicht aus dem sonstigen Leben herausstanzen.

Das aber geschieht vielfach mit der Spiritualität. Sie wird zu einem Kunstprodukt, dem der Bezug zum normalen, natürlichen, selbstverständlichen Leben abgegangen ist. Ihr geht es dann so wie einer Sexualität, der die Sinnlichkeit genommen wurde. Das geschieht, wenn Sexualität auf Reproduktion, Libido, Genitalien und Orgasmen reduziert wird und sie damit der ihr zukommenden

Farbenprächtigkeit und ihrer sich auf vielfältige Weise zeigenden Sinnenhaftigkeit beraubt wird. Die der Sexualität auch zukommende Unschuld, vor allem aber ihre Natürlichkeit und Sinnenhaftigkeit wurde weiter oft unter einer Glocke von Prüderie, Sündenangst und Leibfeindlichkeit erstickt, was vielfach zur Entfremdung, Verdunkelung und letztlich auch Abneigung gegenüber der Sexualität führte.

Ähnlich wie der Sexualität erging es auch der Spiritualität, die vielfach entsinnlicht und einhergehend damit auch entsexualisiert wurde. Das aber ist fatal. Denn, so Bonaventura, Gott tritt über unsere Sinne in unser Leben ein. Er kommt uns über unsere Sinne nahe. Die Sinnlichkeit „ist die *Ebene*, in der wir durch Vermittlung unserer Sinnesorgane ... mit der Welt kommunizieren ... Sinnlichkeit und Leben des Menschen in der Welt sind nicht voneinander zu trennen, wir leben – scheinbar paradox ausgedrückt – in einer durch unsere Sinne vermittelten unmittelbaren Nähe zur Welt. Ein Geruch, der Schrei eines Säuglings, der Blick in eine Lagerhalle, der Geschmack eines Weines, die Wärme eines Sommertages werden von uns – hier anziehend, dort abstoßend – in jedem Fall aber als uns unsagbar umfassend, umfangend erfahren. Durch unsere Sinnesorgane wird die Welt für uns zu einer Nah-Welt, die uns, selbst wenn sie – für Auge und Gehör – entfernt bleibt, einschließt und umfaßt" (Wyss 1975, 51f).

Wenn jemand seine Sinnlichkeit verdrängt, nimmt er sich eine entscheidende Weise *der* Begegnung mit Gott, die ihm etwas von der ganzheitlichen Erfahrung Gottes vermittelt, der Lebendigkeit und Sinnlichkeit, die der Begegnung mit ihm beiwohnen kann.

Wer die Sinnlichkeit mit ihrem Erfahrungsreichtum in seinem eigenen Leben über Bord wirft, der wird auch kaum zu einer mystischen Beziehung zu Gott in der Lage sein. Wer sich mit den Mystikerinnen und Mystikern und ihrer Poesie befaßt hat, wird sehr schnell spüren, daß ihre Gottesbegegnung nicht weniger sinnlich ist als die sexuelle Begegnung menschlicher Liebespartner. Die Gottesbeziehung der Mystiker ist nicht weniger sinnlich, weil sie in ihrer

Beziehung zu Gott ihre Sinnlichkeit zulassen. Wenn Johannes vom Kreuz in einem Gedicht schreibt,

In einer dunklen Nacht
Entbrannt von Liebessehnen,

wußte er, da hatte er erfahren, was es heißt, wenn man innerlich brennt, ja fast verbrennt vor lauter Sehnsucht nach der Geliebten. Jeder und jede, die einmal wirklich über beide Ohren verliebt waren, wissen davon ein Lied zu singen, ein Freudenlied und ein Klagelied. Dieses Feuer, das von innen brennt, dieses Feuer, das wir immer wieder in menschlichen Beziehungen erfahren dürfen, ist das gleiche Feuer, das auch – hoffentlich – immer wieder in der Beziehung zu Gott brennt. Ein solches Feuer aber wird durch spirituelle Trocken-übungen allein nicht entfacht. Es entsteht, wenn Menschen sich gegenseitig entzünden und entzünden lassen in sinnlicher Begeg-nung, bei der der ganze Mensch, mit Leib und Seele, angesprochen wird.

Eine solche Erfahrung wird aber vermutlich nur ein Mensch machen können, der seine Gefühle und einhergehend damit seine Sexualität nicht unterdrückt und der auch den Prozeß des Sich-Verliebens nicht abwürgt, aus Angst vor der genitalen Sexualität. Im Prozeß des Sich-Verliebens treten wir aus uns heraus, beginnen wir vom Ego-Zentriker zum Allo-Zentriker zu werden, zu dem Menschen, der sich nach der anderen Person ausstreckt. Im Prozeß des Sich-Ver-liebens kommen wir weiter mit unserer Gabe des Ergriffenseins, des inneren Erschauens und unserer Offenheit für das Geheimnisvolle anfanghaft in Berührung, so sehr dabei auch das Drängen der genitalen Gefühle sich meldet. Wer aus Angst, die sexuell-genitalen Gefühle könnten ihn überschwemmen, diese Gefühle unterdrückt, kann verhindern, daß das in ihm zugelassen wird, was hinter den genitalen Gefühlen liegt und worum es letztlich beim Sich-Verlieben geht: die Sehnsucht, von einer anderen Person ganz und auf eine tiefe Weise berührt zu werden. Nicht nur körperlich, sondern von der ganzen Person, seelisch, leiblich, spirituell (vgl. Tyrell 1994, 97).

5. Eine positive Einstellung gegenüber der Sexualität

Die Sexualität ist ein Element jenes Lebens-Stromes, der uns in unseren vielfältigen Ausfaltungen als Mensch ausmacht. Das Bild vom Strom will sagen: Die Sexualität ist ein Teil dieses Stromes und kann nicht isoliert von diesem Lebens-Strom betrachtet werden. Das heißt, die Sexualität kann nicht isoliert von der Gesamtperson gesehen werden, sondern stellt eine von vielen Seiten und Strebungen in uns dar. Von daher gesehen ist es auch problematisch, die Person in viele einzelne, mitunter voneinander abgekoppelte und getrennte Bereiche und Strebungen zu untergliedern. Der Mensch ist ein Ganzes und einem Organismus vergleichbar, der sich ständig im Fließen, im Bewegen, im Entwickeln und Entfalten befindet.

Dieses Bild vom fließenden Strom kann auch helfen, wenn es darum geht aufzuzeigen, wie sehr Sexualität und Spiritualität etwas miteinander zu tun haben, ja miteinander verwoben sind. Zuweilen habe ich den Eindruck, daß eine solche Zusammenschau und ein solch direkter Zusammenhang nicht gesehen werden, ja bewußt abgestritten, mitunter sogar als ungehörig erachtet werden. Hier wird dann zunächst einmal säuberlich zwischen Sexualität und Spiritualität getrennt. Manche belassen es nicht nur bei dieser Trennung, sondern gehen noch weiter, indem sie das eine – die Spiritualität – erhöhen, die Sexualität dagegen abwerten oder umgekehrt. Wenn man einem solchen Vorgehen das Bild vom Menschen als fließenden Strom gegenüberstellt, dann erscheint eine solche Praxis der Abspaltung und Trennung als schlicht unsinnig.

Wer seine Sexualität nicht zuläßt, sie verdrängt und auf Dauer unterdrückt, der läßt *sich* nicht zu, der verdrängt *sich* beziehungsweise eine entscheidende Seite von sich, der unterdrückt *sich* und behindert *sich*. Er beeinträchtigt dabei natürlich auch – mitunter stark – seine Spiritualität, die eingebunden in die Gesamtperson, als ein Element des fließenden Stromes von allen Einwirkungen auf diesen Strom mitbetroffen ist. Wenn die Sexualität, die unter anderem auch für das Sinnliche, das Vitale, das Kreative, das Leidenschaftliche in uns steht, unterentwickelt ist oder brachliegt, wo soll dann unsere Spiritualität ihre Vitalität und Leidenschaftlichkeit hernehmen? „Die Sexualität ist die faszinierende Kraft, die uns zum Leben und zur Liebe antreibt, sie ist die eigentliche Quelle der Spiritualität" sagt Anselm Grün (1995, 21).

Kann es wirklich gut gehen, wenn Sexualität und Spiritualität sich gegenseitig bekriegen, statt sich die Hand zu reichen? Sie reichen sich ja eigentlich die Hand beziehungsweise sie wollen nichts lieber tun als das. Wer sie zu gegenseitigen Feinden macht, der vergewaltigt sie, der reißt etwas auseinander, was zueinander will und zueinander gehört. Letztlich lassen sie sich auch nicht auseinanderreißen, sie halten zusammen und sind dabei sehr erfinderisch, es sei denn, sie werden so brutal unterdrückt, daß ihnen die Luft ausgeht.

Mir hat schon als Student folgende Passage bei Sigmund Freud (1978, 87f) viel zu Denken gegeben und mich innerlich zum Schmunzeln veranlaßt: „Gerade dasjenige, was zum Mittel der Verdrängung gewählt worden ist ... wird Träger des Wiederkehrenden; in und hinter dem Verdrängenden macht sich endlich siegreich das Verdrängte geltend ... Eine bekannte Radierung von Félicien Rops illustriert diese wenig beachtete und der Würdigung so sehr bedürftige Tatsache eindrucksvoller, als viele Erläuterungen es vermöchten, und zwar in dem vorbildlichen Falle der Verdrängung im Leben der Heiligen und Bösen. Ein asketischer Mönch hat sich – gewiß vor den Versuchungen der Welt – zum Bild des gekreuzigten Erlösers geflüchtet. Da sinkt dieses Kreuz schattenhaft nieder, und strahlend erhebt sich an seiner Stelle, zu seinem Ersatze, das Bild eines üppigen nackten Weibes in der gleichen Situation der Kreuzigung. Andere Maler von geringerem psychologischen Scharfblick haben in solchen Darstellungen der Versuchung die Sünde frech und triumphierend an irgendeine Stelle neben dem Erlöser am Kreuz gewählt. Rops allein hat den Platz des Erlösers selbst am Kreuze einnehmen lassen; er scheint gewußt zu haben, daß das Verdrängte bei seiner Wiederkehr aus dem Verdrängenden selbst hervortritt."

Bei Horaz heißt es: „Mag man die Natur auch mit der Heugabel austreiben, sie kehrt stets zurück!" Die Sexualität läßt sich nicht verdrängen. Wer meint, mit der Spiritualität die Sexualität in Schach halten zu können – der wird sich wundern! Wie ganz anders lebt ein Mensch, der seine Sexualität mit als Quelle für seine Spiritualität zur Verfügung stellt, dessen Spiritualität und Sexualität Arm in Arm miteinander gehen. Er muß nicht seine Energie dazu verwenden oder auch verschwenden, um sich die Sexualität vom Leibe zu halten. Ihm werden von seiner Sexualität für seine Spiritualität Energien zur Verfügung gestellt. Seine Spiritualität entspringt dem fließenden Strom seines Lebens und seines Seins. Sie ist Teil dieses fließenden Stromes, zu dem sie nicht mehr und nicht weniger gehört wie die Sexualität. Seine Sexualität ist eingefärbt von diesem Strom, mit allem, was dazugehört, und seine Spiritualität wirkt ihrerseits auf diesen Strom ein, mit allem, was zu ihm gehört, einschließlich der Sexualität.

Ein Mensch, der in seinem Leben der spirituellen Seite besondere Aufmerksamkeit widmen möchte, wird das auf eine Weise, die sich positiv auf sein Leben auswirkt, tun können, wenn er sich immer wieder bewußt macht, daß seine Spiritualität in seinen gesamten Lebensfluß eingebunden ist und darin eingebunden bleiben muß, soll sie ihn nicht vom wirklichen Leben wegführen. Dann aber würde sie ihn auch nicht zu Gott bringen, sondern von ihm weg- führen. Die Spiritualität ist unweigerlich mit uns als ganzen Menschen verwoben, einschließlich unserem Leib und allem, wofür er steht, und da auch mit unserer Sexualität.

6. NÄHRENDE BEZIEHUNGEN

„Meine Beziehungen im Kloster haben mich nicht genährt", sagt ein Ordensmann. „Die anderen waren freundlich zu mir, da kann ich nicht klagen. Aber das war es auch." Er habe sich dann hinter sei- nen Büchern versteckt, doch das habe ihn noch weniger gestärkt. Beziehungen, die stereotyp bleiben, die nicht über den Austausch von höflichen Nettigkeiten hinausgehen, vermögen einen Menschen nicht zu nähren. Die Beziehungen innerhalb einer Pfarrei bleiben, zumindest zu den meisten Menschen, eher stereotyp, es sei denn, man hat durch gemeinsame tiefere Erfahrungen zu einer intensiveren Freundschaft gefunden. Auch der Priester einer Pfarrgemeinde unterhält zu den meisten Menschen seiner Pfarrei eher oberflächliche Beziehungen. Er kann in der Regel auch nicht mehr „leisten". Leider trifft das manchmal auch auf die Mitglieder einer Ordensgemeinschaft zu. Auch ihre Beziehungen untereinander bleiben oberflächlich. Man weiß nicht wirklich voneinander. Man mag sich tagtäglich begegnen, jeden Tag sogar öfters miteinander beten, doch letztlich läuft man aneinander vorbei, und es kommt nicht zu einer wirklichen Verbindung miteinander, bei der man mit der anderen Person tatsächlich in Kontakt tritt.

Was aber geschieht, wenn es bei solchen oberflächlichen Beziehungen bleibt? Für den Priester einer Pfarrei mögen solche flachen Kontakte akzeptabel sein, wenn er selbst in seinem privaten Bereich Menschen kennt, mit denen er tiefe, bedeutungsvolle Beziehungen unterhält. Für die Ordensfrau und den Ordensmann kann es dagegen fatal sein, wenn sie innerhalb ihrer Gemeinschaft auf echte Kontakte verzichten müssen; wenn es nicht wenigstens einige unter ihnen gibt, mit denen sie sich auf einer tieferen Ebene austauschen können.

Wem die Nahrung, die aus guten zwischenmenschlichen Beziehungen hervorgeht, vorenthalten wird, der wird hungrig bleiben. Er oder sie werden versuchen, ihren Hunger anderswo zu stillen. Sie werden versuchen, die Nahrung, nach der sie verlangen, durch Erfolg, Arbeit und vieles andere mehr zu erreichen. Andere wieder werden resignieren, werden sich noch mehr zurückziehen. Manche werden versuchen, außerhalb ihrer Gemeinschaft Beziehungen zu knüpfen, die verbindlich sind und sie nähren. Sie werden sich etwas vormachen. Wie für die psychische Gesundheit der Partner in einer ehelichen Beziehung eine tiefe, innige Beziehung notwendig ist, ist es auch für die psychische Gesundheit der einzelnen Mitglieder einer religiösen Gemeinschaft, oder des ehelos lebenden Priesters, notwendig, zu einigen Menschen eine tiefe, innige Beziehung zu unterhalten.

„Ich möchte ein geistliches Leben führen, aber ich möchte nicht verhungern", sagt ein Priester, der vor der Frage steht, ob er weiterhin als Priester leben will oder den Priesterberuf aufgibt. Ein geistliches Leben, das mich nicht zu nähren vermag, ist nutzlos. Dabei muß ich freilich beachten, daß das geistliche Leben nicht als Nahrung für etwas herhalten muß, für das es nicht Nahrung sein kann.

Wenn das Gebet zum Beispiel herhalten muß für meinen Hunger nach Anerkennung, nach Liebe und Gemeinschaft, dann mag mein Gebet den Hunger und das Verlangen danach in eine neue Sichtweise rücken können, mir helfen, den möglichen Verzicht darauf zu verarbeiten und zu verkraften. Das Gebet mag mir auch helfen, wieder mehr Gottes Anerkennung und Nähe in Erinnerung zu rufen und zu erfahren. Das Gebet kann aber auch dazu mißbraucht werden, meinen wirklichen Hunger nach menschlichen Beziehungen nicht ernst zu nehmen und mich mit letztlich mich nicht nährenden Vertröstungen, die sich als Verharmlosungen herausstellen können, abzuspeisen.

Wenn ich auf mich selbst schaue, dann ist es die Liebe meiner Frau, die mich am meisten nährt. Es ist weiter die Liebe meiner Kinder, Eltern, Geschwister, Freunde, der Menschen, die mich wertschätzen, die mir gut tut, mich aufbaut und kräftigt. In all dem und darüber hinaus spüre ich Gottes grenzenlose Liebe und erfahre seine Zuneigung als Nahrung.

Wem die Nahrung, die aus Liebe und bedingungsloser Annahme erwächst, vorenthalten wird, der wird hungrig bleiben. Mancher mag versuchen, durch spirituelle Höhenflüge seine Sehnsucht nach Liebe und bedingungsloser Annahme zu nähren. Allein, er wird immer wieder auf den harten Boden der Wirklichkeit herunterfallen, wenn er nicht wirklich durch die Erfahrung von Liebe genährt worden ist. Solange jemand keine Liebe erfahren hat und er über keinen

Nährboden verfügt, der empfänglich ist für die Nahrung, den Saft, die Energie, die Kraft, den Geist, die von Gottes Kuß bedingungsloser Liebe erwachsen, wird er sich lediglich vollstopfen mit Spiritualität, aber nicht genährt werden. In so manchen spirituellen Schriften meine ich manchmal, vor allem den Schrei nach der Erfahrung von Gottes grenzenloser Liebe zu vernehmen, während ich bei Menschen, die im spirituellen Bereich eher die leisen Töne bevorzugen, spüre, daß sie genährt sind, daß sie Gottes Kuß der Annahme ganz tief in sich hineinwirken und hineinnehmen können, weil sie einen Nährboden haben, der für Gottes Liebe und die ihrer Mitmenschen empfänglich ist.

3. KAPITEL
FÜR EINE SPIRITUALITÄT, DIE NÄHRT

1. GEERDETE SPIRITUALITÄT

Ein Geistlicher meditiert bei einer Konferenz über die Zukunft der Kirche über die Ikone „Die Dreifaltigkeit". Er steigert sich in die einzelnen Personen hinein, spricht von der göttlichen Liebe und ihrer Beziehung zu den abgebildeten Personen, verläßt aber nie seinen Betrachtungsgegenstand. Für eine Weile vermag ich ihm gut zuzuhören. Dann aber spüre ich, wie es mir zuviel wird, ich nicht mehr hinhören kann. Mir steigt das Bild einer Dogge auf, die sich genießerisch über einen Knochen hermacht und immer und immer wieder den Knochen in den Mund nimmt und darauf herumbeißt, noch eine Stelle findet, an der es etwas zu beißen und zu schlecken gibt, sich vor allem aber genüßlich an dem Stück Knochen ergötzt.

Für mich ist das ein Beispiel, wie Spiritualität eingepackt werden kann in schöne Gedanken, wohlklingende Ausführungen, geistliche Ergüsse, ihr der Bezug zur Wirklichkeit dabei aber gänzlich abgeht. Diese Spiritualität vermag nicht, in die Wirklichkeit hineinzuwirken, gar sie zu verwandeln oder zu verändern. Eine solche Spiritualität reduziert sich auf wohlmeinende Überlegungen, die letztlich nicht mehr bedeuten und bewirken als viele wissenschaftliche Höhenflüge in der Sonderwelt einer Universität oder vollmundige Sonntagsreden von Politikern.

Es ist eine Religiosität, die nicht zu nähren vermag. Sie mag für einen Augenblick schöne Gefühle wecken. Allein, sie hat keine Tiefenwirkung, sie trägt nicht wirklich zur Kräftigung und Bestärkung der ganzen Person bei. Sie ist dann keine Nahrung, die das Leben entscheidend mitbestimmt und mitträgt. Sie ist kein Humus, der Fruchtbarkeit garantiert, der eigenes Wachstum ermöglicht, anderen zu ihrem Wachstum verhilft.

Bei einer solchen Spiritualität mag ich immer wieder an dem Knochen herumnagen, versuchen, da und dort noch eine schmackhafte Stelle zu entdecken, um schließlich zu merken, daß der Knochen nicht länger nährt, sollte er überhaupt jemals geschmeckt haben. Eine solche Spiritualität findet man oft bei Menschen vor, die sich, so scheint es, mit fast nichts anderem als Spiritualität befassen. In der Begegnung mit ihnen entsteht oft der Eindruck, als seien sie ausgetrocknet, als habe sie ihre Vitalität verlassen. Diese Vitalität zeigt sich allenfalls in der Heftigkeit, mit der sie aufbegehren, wenn sie in ihrer Stille, in ihrem „inneren Verweilen" gestört werden.

Oder sie zeigt sich, wenn sie kritisiert werden oder von ihnen etwas gefordert wird, wenn jemand den Versuch wagt, sie aus dem Bereich, in den sie sich zurückgezogen haben, herauszuholen, sie in die Wirklichkeit zurückzuholen. Da kann es passieren, daß sie aufbrausen und explodieren. Das aber könnte sich als eine Chance erweisen, die Einseitigkeit, in die sie sich hineinversetzt und hineingesteigert haben, zu gunsten einer größeren Ausgeglichenheit aufzugeben. Es wäre die Chance, das „Gefängnis", in das sie sich begeben haben, zu öffnen.

Es gibt einen inneren Bereich, der nur mir gehört, in den kein anderer Einlaß hat. Manche aber, so mein Eindruck, verstecken sich in diesem Persönlichkeitskern. Sie verschanzen sich so sehr hinter diesem Bereich, den sie zugleich für heilig erklären, daß überhaupt niemand mehr an sie herankommt. Sie setzen dann ihr Innerstes oft gleich mit Gottes Wohnsitz, der dann ihre oberste Instanz ist. Das aber kann fatal, ja gefährlich sein. Nicht selten findet man solche Phänomene und Verhaltensweisen gerade bei Menschen vor, die meinen, in besonderer Weise berufen zu sein, oder die als Gurus oder dergleichen gelten.

In der Sprache der Psychologie entpuppt sich ein solches Verhalten oft als ausgesprochen narzißtisch. Dabei geht es um Menschen, die letztlich nicht in der Lage sind, mit anderen Menschen zu empfinden. Es sind unsensible Menschen. Mir fallen die Worte von

C.G. Jung (1994, 199) ein: „In der Analyse befassen wir uns zur Hauptsache damit, wie mit den Inhalten umzugehen ist, die aus dem Unbewußten auftauchen. Man muß erkennen, worauf sie unterschwellig hinzielen – was Gottes Wille ist." Und er fährt fort: „Man ist verdammt, wenn man dem nicht folgt. Man ruiniert sein eigenes Leben, seine Gesundheit. Man hat einen Teil seiner Seele verkauft oder verloren." Jene, die sich hinter ihrem sogenannten inneren Bereich verstecken, laufen Gefahr, ihr eigenes Leben, ihre Gesundheit zu ruinieren, weil sie nicht bereit sind, in sich hineinzuschauen, oder sich von einem anderen dabei helfen zu lassen. Sie riskieren, ihr eigenes Leben, ihre Gesundheit zu ruinieren, weil sie letztlich nicht bereit und offen dafür sind, Gottes Willen zu erkennen, ja im Grunde genommen gar nicht daran interessiert sind.

Andere würden gerne ihren inneren Bereich mehr öffnen, sehen sich aber dazu nicht in der Lage. Sie glauben, es nicht zu können. Oft sind es Menschen, die irgendwann in ihrem Leben, manchmal bereits als kleine Kinder oder Jugendliche, von anderen Menschen, die ihnen nahestanden oder wichtig waren, verletzt worden sind und seitdem dicht gemacht haben. Andere sind nie wirklich aus sich herausgegangen, mitunter auch, weil sie nie eine Liebe erfahren haben, die sie aus sich herausgelockt und ihnen eine wirkliche Du-Erfahrung ermöglicht hätte.

Bei diesen Menschen kann die Gefahr bestehen, daß sie statt den zugegeben schwierigen Weg der Selbstöffnung, der Auseinandersetzung mit den Mitmenschen und schließlich der Befähigung zu tiefen, innigen Beziehungen zu gehen, diesen Weg meinen abkürzen zu können, indem sie sich, unter Umgehung einer tiefen Beziehung zu Mitmenschen, in die Beziehung zu Gott flüchten. John Wellwood spricht in diesem Zusammenhang von „spiritual bypassing", also einer spirituellen Abkürzung, die er definiert als den „Versuch, grundlegende menschliche Bedürfnisse, Gefühle und Entwicklungsaufgaben zu verleugnen oder vorschnell zu transzendieren". In einer solchen Situation wird Gott zum Ersatz für bestärkende menschliche Beziehungen. Niemand anders mag mich lieben, so wird die betreffende Person sich sagen, doch ich weiß, daß wenigstens Gott mich liebt. In der Regel wird diese Art von Spiritualität mit der Zeit in die Brüche gehen, denn sie ist auf einer intellektualisierten Wahrheit begründet und nicht auf einer gelebten Erfahrung (vgl. Bush 1978).

Eine Ordensfrau, die sich immer wieder von ihren Mitschwestern isolierte, zugleich aber auch immer wieder darunter litt, keine wirklichen Kontakte zu haben, und sich deswegen in die Beziehung zu Gott flüchtete, ohne das wirklich als nährend zu erleben, wurde in einer therapeutischen Gruppe von den Gruppenmitgliedern mit ihrem Verhalten konfrontiert. Sie sagten ihr, daß sie sie eigentlich nicht kennen würden und nicht wüßten, wie sie mit ihr dran wären, ja daß sie für sie unnahbar sei. Die Ordensfrau hatte große Mühe, diese Konfrontation auszuhalten. Am liebsten hätte sie deren Aussage relativiert. Und sie spürte auch, wie sie die Aussagen der anderen gar nicht richtig an sich heranließ. Zugleich war da aber auch eine Seite in ihr, die ihr sagte, da ist etwas dran an dem, was die anderen sagen.

Im Einzelgespräch sprach die Ordensfrau darüber, wie sehr diese Situation sie getroffen habe und wie sehr sie sich tatsächlich als isoliert, ja wie in einem Brunnen eingekerkert erlebt. Und dann brach ihre Not heraus. Ihr Schrei „ich will hier raus", den sie noch nicht in Worte fassen konnte, wurde zu Tränen und zum Schluchzen. Das öffnete sie. Es war der Beginn eines Prozesses, der sie immer mehr öffnete, aus dem sich ihre Seele immer mehr aus dem Kerker, in den sie eingesperrt war, hervortraute. Sie wurde zunehmend empfänglicher für die Worte der anderen. Deren Fürsorge und Sympathie für sie konnten jetzt bei ihr einkehren. Jetzt befand sie sich in dem Zustand der Empfänglichkeit, der Voraussetzung ist für inneres Wachstum. Sie versperrte sich nicht länger gegenüber konstruktiver Kritik von außen. Diese fiel jetzt auf einen empfänglichen Boden und konnte somit zu ihrer Fruchtbarkeit beitragen. Die Abwehr, die sich als trockener, undurchlässiger Boden gezeigt hatte, war zur Empfänglichkeit geworden, vergleichbar einem durchlässigen Ackerboden, der bereit ist, sich als Ort für neues Wachstum zur Verfügung zu stellen.

Jetzt, da ihr Nährboden empfänglich war für die Nahrung, die aus zwischenmenschlichen Beziehungen entsteht, war er auch empfänglich für den Saft, die Energie, die Kraft, den Geist, die aus Gottes Liebe erwachsen. Vorher hatte sie sich lediglich vollgestopft mit Spiritualität, ohne dadurch letztlich wirklich genährt zu werden.

Im Psalm 142,8 heißt es: „Führe meine Seele aus dem Kerker." Oft muß die Seele aus dem Kerker herausgeführt werden, muß sie ins Freie gelangen, muß sie ins Leben, in die Welt, unter die Menschen gelangen, damit ein Mensch befreit werden kann zu einem gesunden Leben. Eine Spiritualität, die zu unserer Gesundheit beitragen soll, muß diesen Befreiungsprozeß fördern. Sie darf um Gottes willen nicht dazu mißbraucht werden, daß die Seele weiter in einem Gefängnis schmachtet.

„Tränen sind mir zu Brot geworden", heißt es im Psalm 42. In der Traurigkeit können Tränen mich nähren, können sie zum Brot, zum Wein für mich werden. Tränen bewässern meinen trockenen, ausgetrockneten Boden, der fest geworden ist. Nichts mehr vermag ihn zu durchdringen, weder von oben noch von unten. Er ist hart und fest geworden. Viele Menschen, die diese Härte und Starrheit bei sich spüren, die ihre Lähmung und Resignation spüren, kommen aus dieser Lähmung und Resignation nicht heraus, da sie nicht weinen können. Manche unter ihnen sehnen sich dann danach, endlich wieder einmal weinen zu können, weil sie spüren, dann eine Chance zu haben, aus der Erstarrung herauszukommen. Tränen vermögen mit der Zeit den ausgetrockneten, anscheinend undurchdringlichen, erstarrten Boden aufzuweichen. Ganz langsam sickern sie in das fast betonartige Erdreich ein und durchdringen es. Sie weichen es auf, machen es durchlässig, machen es wieder zu einem fruchtbaren Ackerboden.

2. GANZ BEI MIR BLEIBEN - LEBEN HIER UND JETZT

Abba Zeno testete einmal einen als großen Faster bekannten Mann. Er lud ihn zu sich ein. Zeno aß jeden zweiten Tag, jener große Faster nur am Samstag und Sonntag. Der Faster wurde während seines Aufenthaltes bei Zeno ganz unruhig und meinte, ein Dämon komme in ihn hinein, weil er gar nicht mehr fasten könne. Da sagte Abba Zeno zu ihm: „Im Dorf hast du dich vom Ohrenschmaus der Leute ernährt. Du hast dich gut gefühlt, weil alle dich bewundert haben. Jetzt, wo du in der Einsamkeit fasten sollst, da kannst du es nicht."

Manchmal nährt auch ein Ohrenschmaus. Es bleibt nur die Frage, ob er mich wirklich satt macht. Wie steht es zum Beispiel mit dem geistlichen Schriftsteller, der Buch für Buch von seinen Wüstenerfahrungen mit Gott berichtet? Nährt der sich nicht auch an dem Ausbreiten seiner Erfahrungen, der Bewunderung und Anerkennung, die ihm dafür ausgesprochen werden? Oder wie ist das bei den großen Männern und Frauen, die schon zu Lebzeiten wegen ihres sozialen und caritativen Einsatzes als Heilige verehrt werden? Sind sie ganz frei von der „Nahrung", die ihnen durch Aufmerksamkeit, Beifall und Ehrung zuteil wird? Was wäre, würden sie nicht in Büchern darüber schreiben, würden sie nicht so sehr wegen ihrer Erfahrungen, wegen ihres Tuns im Rampenlicht stehen? „Du hast dich gut gefühlt, weil alle dich bewundert haben."

Wie ist das, wenn ich faste, dunkle Nächte durchmache, mich für die Bedürftigen einsetze, ohne daß andere davon etwas mitbekommen? Dann werde ich nicht mit Ohrenschmaus abgespeist, dann stopfe ich mich nicht mit Lob und Ehren voll, die mich aufblähen, aber nicht zu nähren vermögen. Dann bleibe ich ganz bei mir. Dann geschieht etwas ganz in meiner Nähe, ja in mir. Dann mache ich eine

Erfahrung, die bei mir und bei denen, die direkt damit zu tun haben, bleibt. Dann lenke ich mich nicht ab von mir, bleibe bei mir, stelle mich mir. Dann weiche ich nicht aus, mache es mir nicht leicht oder leichter. Dann stelle ich mich mir. Was ich dann bekomme, ist vielleicht nichts Aufregendes, aber etwas, das mit mir etwas macht, mich vielleicht verwandelt, gar verändert, mich wirklich nährt.

Ich spüre ganz tief in mir die Sehnsucht, ganz bei mir zu bleiben; nicht länger den Blick nach links und rechts zu lenken, um mich mit anderen zu vergleichen. Es ist das Verlangen, einfach bei mir zu bleiben, bei dem, was da ist, bei mir und vor allem in mir. Das ist mein Anker. Das hält mich fest, besser: trägt mich. Und ich spüre, wenn mir das gelingt und diese Sehnsucht in mir auftaucht, wenn ich in Berührung mit ihr bin und sie zulasse, dann breitet sich in mir ein wohltuendes Gefühl aus. Dann fühle ich mich wie innerlich erhellt, dann wird es warm in mir. Im Warm-Werden spüre ich mich. Wie wenn ich vorher steif, ja starr gewesen wäre und mich nicht länger spürte und jetzt im Erwärmen und Auftauen Leben und Bewegung fühle.

Ich spüre die Sehnsucht, mehr von diesem inneren Kern her, der mich ausmacht, mein Leben zu leben und zu gestalten, von daher zu sehen und zu deuten. Und ich merke, wie Unruhe, Angst, Eifersucht und Schmerz mich erfassen, wenn ich mich von diesem Kern fortbewege und mich nicht länger daran ausrichte, wenn ich mich von anderen, äußeren Ereignissen oder Erfahrungen, wie Ehre, Erfolg, Leistung, Befriedigung unterschiedlichster Bedürfnisse ablenken lasse. Dann verliere ich den Kontakt zu mir selbst, geht das Licht in mir aus, zieht sich die Wärme von mir zurück. Ich fange an sie zu suchen, oft außerhalb von mir, ohne sie zu finden. Bis ich, wie im Augenblick, wieder mit meiner Sehnsucht, bei mir zu bleiben, in Berührung komme, diese Sehnsucht zulasse und dabei wieder mehr bei mir einkehre.

Ich spüre, wie mich dies innerlich und äußerlich aufrichtet, ich mehr mit mir in Berührung komme, aufrechter gehe – im wahrsten Sinne des Wortes. War ich vorher gebeugt gegangen, mag ich vorher die Schultern hängen gelassen haben, jetzt fällt es mir nicht schwer, mich aufrecht zu halten. Ich fühle meine Energie und Kraft. Sie stehen mir jetzt wie selbstverständlich zur Verfügung, sie sind nicht länger unverfügbar, wie verschwunden. Da ich bei mir und mit mir in Berührung bin, bin ich auch mit ihnen in Kontakt und dadurch in der Lage, sie für mich zu nutzen.

Mit mir in Berührung zu bleiben, nährt mich. Das zu würdigen, was ich bin, es nicht aus dem Blick zu verlieren vor lauter Schielen nach rechts und links, gibt Kraft. Immer wieder mit dem in Kontakt sein, was eigentlich schon da ist, was ich bin und was ich habe, das nährt. Das, was da ist, immer wieder täglich zu würdigen und mich darüber zu freuen, anstatt es vor lauter Frust über das, was ich noch nicht habe, aber gerne haben würde, zu vergessen – das nährt.

„Wir neigen dazu", sagt Abraham Maslow (1970, 61), „die Errungenschaften, die wir bereits haben, für selbstverständlich zu nehmen, vor allem, wenn wir dafür nicht arbeiten oder kämpfen müssen. Das Essen, die Sicherheit, die Liebe, die Bewunderung, die Freiheit, die immer schon da sind, auf die wir nicht verzichten mußten oder um die wir uns nicht bemühen mußten. Sie laufen Gefahr, unbeachtet zu bleiben, ja in ihrer Bedeutung nicht angemessen gewürdigt zu werden, bis dahin, daß man sich über sie lustig macht oder zerstört. Dieses Phänomen, die eigenen Errungenschaften nicht entsprechend zu würdigen, kommt natürlich einem Nicht-Wahrnehmen der Realität gleich und kann deshalb als eine Form von Pathologie gesehen werden. In den meisten Fällen kann das sehr leicht kuriert werden, indem man ganz einfach erfährt, was Schmerzen, Hunger, Armut, Einsamkeit, Zurückweisung, Ungerechtigkeit usw. bedeuten."

Dann setze ich mich einfach an den gedeckten Tisch und nehme am Gastmahl, das mir bereitet worden ist, teil, feiere das Leben. Ich höre auf, nach links und nach rechts zu schauen, was der oder die hat, was jene unternehmen, welche Freunde diese haben oder in welchem Haus jene wohnen. Ich bin einfach da und setze mich an meinen

Tisch, ich entdecke meinen gedeckten Tisch und freue mich darüber, vor allem aber bin ich zufrieden damit und fange endlich – ja endlich! – an zu leben, mein Leben zu leben. Ich atme tief durch, spüre mich, nehme die mir liebsten Menschen wie neu wahr. Ich spüre die große Dankbarkeit, die sich in mir ausbreitet, wenn ich das zulasse. Ich renne nicht länger hinter dem her, was ich meine, auch noch haben zu müssen, dabei vergessend und außer acht lassend, was ich schon habe und auf was ich mich stützen kann. Ich bin da und ich setze mich hin, gelassen, zufrieden, voller Dankbarkeit, daß ich bin, atme, lebe, zusammen mit denen, die mir am nächsten sind. Und ich bin erstaunt, wie wohl mir ist, wie gut es tut, endlich an meinem Tisch zu sitzen, das für mich bereitete Gastmahl zu genießen.

3. BROT IN DER WÜSTE

Für Thomas Merton (1955, 12f.) sind die Psalmen „Brot, von Christus auf wunderbare Weise vorgesehen, um jene zu nähren, die ihm in die Wüste gefolgt sind. Ich gebrauche dieses Gleichnis absichtlich", so Thomas Merton weiter. „Das Wunder der Brotvermehrung wird gewöhnlich auf das Sakrament der Eucharistie hingedeutet, auf das es vorausweist. Aber die Wirklichkeit, die uns in den Psalmen nährt, ist die gleiche Wirklichkeit, die uns in der Eucharistie nährt, wenn auch auf völlig andere Weise. In beiden Fällen werden wir vom ‚Wort Gottes' gespeist. Im allerheiligsten Sakrament ist ‚sein Wort wahrhaft eine Speise'. In der Schrift ist sein Wort nicht im Fleisch verkörpert, sondern in menschlichen Worten; aber der Mensch lebt in jedem Wort, das aus dem Munde Gottes hervorgeht."

Eigentlich bin ich zu müde, um zu beten. Und doch spüre ich ein Verlangen danach. Ich nehme das Brevier und bete die Psalmen zum „Gedenktag unserer lieben Frau vom Berge

*Karmel". Ich bete. Ich spüre, daß ich mit meinem Beten etwas
tue, das etwas mit mir macht, auch wenn ich wenig
Konzentration für den Inhalt aufzubringen vermag. Während
ich bete, höre ich die Nachbarkinder schreien. Aus dem
Wohnzimmer – ich sitze im Gang – vernehme ich die Stimme
der Nachrichtensprecherin. Erneute Angriffe der Serben auf
Schutzzonen der UN. Mein Beten schließt die Menschen mit
ein, die dadurch betroffen sind. Während ich bete, fühle ich mich
nicht mehr ganz so hilflos angesichts dieses Dramas. Ich bin im
Beten der Psalmen diesen Menschen mit ihrem Elend näher –
jedenfalls empfinde ich das so. Ich komme mit meinem Mitleid
für sie in Berührung.
Mein Beten hilft mir, wieder mehr mit meinem Inneren und
Innersten in Kontakt zu kommen. Mein Beten belebt mich. Ich
habe es gerade gespürt, als ich den mir vertrauten Text des
Magnificat gebetet habe. Es ging etwas Mutmachendes, Trost-
spendendes, Vertrautes und Vertrauenschaffendes davon aus.
Mein Beten nährt mich. Hätte ich diese Viertelstunde, statt zu
beten, vor dem Fernseher verbracht, wäre mir eine köstliche
Nahrung vorenthalten worden.*

Wenn ich an dem Mittagsgebet der Benediktinermönche in der
Abtei Münsterschwarzach teilnehme, dann erfahre ich dort das
Beten der Psalmen oft als Nahrung. In der Regel habe ich dann
einige Stunden intensiver psychotherapeutischer Gruppenarbeit hinter mir. Ich spüre die Anstrengung, bin zum Teil noch bei den
Menschen, die sich mir anvertraut haben, und genieße es, jetzt eine
Pause, Zeit für mich zu haben. Ich betrete den großen Kirchenraum
der Abteikirche, verweile für einen Augenblick schweigend und
stimme dann ein in den Ruf der Mönche: „O Gott, komm mir zu
Hilfe. Herr, eile mir zu helfen." Manchmal schreie ich diesen Ruf
geradezu hinaus. Dann ist er mehr wie ein Hilferuf: „Ja, Gott, du
mein Gott, eile mir zu helfen, ich brauche dich jetzt. Laß mich jetzt
nicht im Stich!" Dann wieder singe ich leise mit. Eigentlich ist es

dann meine Seele, die sich an diesen Ruf anhängt. Es ist meine Sehnsucht nach Gott, die sich meldet. „Gott, komm. Sei du da. Es ist so gut, so tröstlich, daß es dich gibt. Du bist, jetzt da bist. Für mich da bist und für die Menschen, für die ich da bin".

Und dann tauche ich ein in die Psalmen: „Wie ein Hirsch lechzt nach Wasser, so lechzt meine Seele, Gott, nach dir." Ich komme mit meinem Hunger nach Gott in Berührung. Es ist mein Verlangen, meine Sehnsucht nach ihm. „Aus der Tiefe meines Herzens rufe ich Herr zu Dir." Allein meine Sehnsucht zuzulassen und auszusprechen, tut mir gut. Und je länger ich mich den Psalmen überlasse und mich immer mehr von ihnen führen lasse, desto mehr erfahre ich, wie mich mein Beten nährt und eine Seite gewürdigt wird, Nahrung erhält, die hungrig war. Es ist eine Seite in mir, die ungesättigt zu einer Verarmung meines Lebens beitragen würde.

Die Psalmen sind für mich wie ein bunter Gabentisch voll von köstlichen Speisen, die dazu einladen, sich an ihnen zu erquicken, und die halten, was sie versprechen. Sie nähren mich. Sie sind kein Fast-Food. Sie sind eine erlesene Speise, die meinem Leib und meiner Seele gut tut. Die Psalmen singen, so Thomas Merton (1955,116), von der großen Barmherzigkeit Gottes, ihres Erlösers, bei diesem Ton erglühen sie in Herrlichkeit, weil sie sein wahres Sein schauen und lieben. Wir haben schon mit ihnen an diesem Geheimnis teil, aber erst undeutlich. Wir schmecken den Wein ihres Hochzeitsfestes, der in Augenblicken unserer eigenen irdischen Liturgie tropfenweise an uns ausgeschenkt wird.

Eine Eucharistiefeier kann Nahrung für die Seele sein, wenn sie dazu einlädt, sich auf die Texte, die Musik und die Atmosphäre einzulassen, in die Beziehung zu Gott einzutauchen. Wenn mein Inneres sich angesprochen fühlt vom Ritus, den Gesängen und der Predigt.

Wie heute, am Fest Christi Himmelfahrt, in der Abteikirche von Münsterschwarzach. Es ist wirklich ein Mahl, an dem ich teilnehme. Ein Mahl, das mich nährt und sättigt. Hungrig kam ich an. Hungrig nach dem Brot, das meine Seele stärkt und nährt. Hier finde ich

Nahrung und Stärkung. „Viri Galiläi, quid admiramini aspicientes in caelum." Als Junge habe ich diese Gesänge an diesem Ort gesungen. Und jetzt singe ich sie mit, lasse sie tief in mich hineinwirken und lasse mich von ihnen innerlich einstimmen auf die Feier des Mahles. Eine leise Freude, ein leises Gefühl von Glück, durchweht mich. Ich koste jeden Augenblick. Ich genieße es, hier zu sein. Ich wollte in diesem Moment an keinem anderen Ort der Welt sein. Es gibt nichts, nach dem ich in diesem Augenblick mehr verlange, als hier zu sein, meine Seele zu nähren. Und ich wüßte nicht, was meine Seele mehr nähren und stärken könnte als meine Teilnahme an dieser Mahlfeier, der Feier der Eucharistie am Tag der Trauer, weil ER uns verlassen hat, am Tag der Sehnsucht, bei IHM zu sein.

Ich kenne auch Zeiten, in denen es mir nicht danach ist, Psalmen zu beten oder an der Eucharistiefeier teilzunehmen. Dann sitze ich nur da, versunken in meinem Selbst. Ich bin dann ganz bei mir, den Menschen, die mir lieb sind, und dem Einen. Ich kann und will dann nicht so vorbehaltlos von Gott sprechen, ihn DU nennen, ihm wie einem anderen Menschen gegenüber mein Herz ausschütten oder meine Dankbarkeit zum Ausdruck bringen. Dann bin ich nur da, bei mir und zugleich verbunden mit denen, die ich zu mir hereinlasse, und dem Einen. Diese innere Einkehr erlebe ich als Nahrung, die meiner Seele gut tut. Ich mache die Erfahrung, je älter ich werde, desto mehr erlebe ich diese Art der Kontaktaufnahme mit Gott als bereichernd und nährend für mich.

Auch in den Phasen, in denen bei mir innerlich viel arbeitet, in denen ich innerlich sehr aufgewühlt bin, in Krisen ist das innere Einkehren meine Weise zu beten. Ich kann dann auch aufschreien vor Schmerzen oder Wut und mich dabei auch von den Psalmen führen lassen, so daß meine Schreie zum Gebet werden.

Doch im inneren Einkehren ermögliche ich es mir, mit meiner Tiefe in Kontakt zu kommen. Ich kann dann mehr als sonst mein Inneres erfahren und tiefer zu ihm vordringen, da es durch den inneren, schmerzvollen Wachstumsprozeß aufgebrochen worden ist. Das ist auch, worum es in dieser Zeit geht: noch mehr mit meinem Eigentlichen in Berührung zu kommen; noch mehr von dem Eigentlichen, meinem Selbst, in meinem Leben zuzulassen; noch mehr dem göttlichen Kern in mir die Führung in mir und in meinem Leben zu überlassen. Dazu bedarf es aber keiner Worte. Dazu bedarf es der Bereitschaft, mich im inneren Einkehren und Sich-Versenken der Führung meines göttlichen Kerns bedingungslos zu überlassen.

Wer mich wirklich nährt, was mich aufbaut, mir Halt, Kraft und Stärke verleiht, ist Gott. „Meine Stärke und mein Lied ist der Herr", heißt es in den Psalmen. Mein Vertrauen in Gott bettet mein Leben in eine Perspektive, die mich zu tragen vermag. Vertrauen in Gott ist etwas, das mich nähren kann. Es ist letztlich etwas Unbegreifliches, Gott vertrauen zu können, sich einfach Gott überlassen zu können. Dem, den ich nie gesehen habe, den ich nie angefaßt habe, von dem ich lediglich gehört habe, mich ganz anzuvertrauen. Wer sagt mir denn, wer garantiert mir denn, daß ich nicht einem Schwindel aufgesessen bin? Woher nehme ich denn die Gewißheit, daß da nicht einfach gar nichts, daß da jemand ist?

Vor einigen Wochen hatte ich in Tirol eine anstrengende Bergtour unternommen und freute mich schon darauf, am Ende der Wanderung in einer Almhütte eine warme Suppe genießen zu können. Als ich an der Stelle ankam, an der ich die Almhütte erwartete, mußte ich feststellen, daß es sich hier lediglich um eine Sammelstelle für das Vieh handelte. Ich war maßlos enttäuscht. Ich war mir so sicher gewesen und hatte mich innerlich ganz darauf eingestellt, mich hier nach der großen Anstrengung erholen zu können. Doch da war nichts. Ich dachte mir damals, wie ist das, wenn ich eines Tages sterbe, glaubend und darauf vertrauend, daß ich dann endlich heimkomme, mich in Gottes Arme fallen lassen kann, und da ist nichts? Ich hielt damals diesen Gedanken bewußt aus und drängte ihn nicht vorschnell wieder ab. Eine große Hoffnungslosigkeit und Verzweiflung stiegen in mir auf.

Wer gibt mir die Gewißheit, daß da etwas ist, wer gibt mir die Gewißheit, daß es Gott gibt? Niemand gibt mir diese Gewißheit. Nur, ich kann sagen, wenn ich mich auf Gott einlasse, wenn ich dem, den ich nie gesehen habe, vertraue, dann hat das Auswirkungen auf mich und mein Leben. Dann erfahre ich Zuversicht inmitten von Hoffnungslosigkeit. Dann erlebe ich Halt und Stütze inmitten von Chaos, Unbeständigkeit und Hilflosigkeit. Dann erfahre ich Stärke.

Ich folge dann einer Melodie, die mich aufbrechen läßt, die das Dunkle und Schwere um mich herum nicht zudeckt, sondern ergänzt. Es kommt etwas dazu. Da erklingt ein Ton, der die Stimmung und Atmosphäre mitgestaltet und mitprägt und sie nicht nur dem Dunklen und Schweren überläßt. Von dieser Melodie gehen Schwingungen aus, die Auswirkungen auf mich und das Dunkle und Schwere haben. Wir werden davon mitgenommen und dadurch verwandelt. „Meine Stärke, meine Nahrung und mein Lied ist der Herr.“

TEIL II

WAS UNS WIRKLCH NÄHRT – IN GOTTES LIEBE BLEIBEN

Während der Euchariestiefeier in der Pfarrkirche zu Unterwössen am Silvesterabend auf der Schwelle zum Jahr 1995 traf mich die Aufforderung des Evangeliums „Bleibet in meiner Liebe" mitten ins Herz. In den kommenden Tagen, Wochen und Monaten beschäftigte mich diese Aufforderung immer wieder und lud mich dazu ein, das, was in dieser Zeit innerlich und äußerlich in meinem Leben geschah, aus dieser Sicht zu sehen. Als ich von diesen Worten so tief getroffen und berührt wurde, ging für mich viel Zuversichtliches von ihnen aus. Ich sprach damals diesen Satz immer wieder lautlos in meinem Herzen oder halblaut vor mich hin. Ich hatte dann den Eindruck, daß ich, wenn ich das „Bleibet in meiner Liebe" vor mich hinsagte, meiner Mitte näher kam. In mir tauchte das Bild von einem Kreis auf, in dem ich mich aufhielt und der mir, solange ich mich in ihm befand, garantierte, daß ich in Seiner Liebe bin, von Seiner Liebe umfangen bin. Von diesem Bild ging Gelassenheit aus. Wärme machte sich in mir breit. Ich wiederholte immer wieder: „Ja, ich will in deiner Liebe bleiben!" Oder: „Laß mich in deiner Liebe bleiben!" Es gab aber auch Momente, in denen es mir schwerfiel, ja unmöglich war, dieses Bild vom Kreis der Liebe Gottes, die mich umfängt, in mir wachzurufen, Zeiten, in denen ich mich außerhalb dieses Kreises wähnte und erlebte, daß es mir nahezu unmöglich war, überhaupt einen Bezug dazu zu bekommen. In diesen Augenblicken sehnte ich mich nach der Erfahrung von Unterwössen, wünschte ich mir, wie damals, von dem „Bleibet in meiner Liebe" getroffen, gewärmt und genährt zu werden.

1. KAPITEL
„BLEIBET IN MEINER LIEBE"

1. Mich meinem wahren Selbst bedingungslos anvertrauen

Wenn ich heute am Silvesterabend auf der Schwelle zum Jahre 1995 im Evangelium höre, „Bleibet in meiner Liebe", dann spüre ich darin eine Bestärkung meines wahren Selbst. In Gottes Liebe bleiben, das heißt für mich, sich dem wahren Selbst bedingungslos anzuvertrauen. Ich bleibe in meinem Selbst, dort verankere ich mich, von dort gestalte ich und lasse ich mein Leben gestalten. Solange ich darin bleibe und mich darin aufhalte, bleibe ich in Gottes Liebe. Durch mein wahres Selbst kommt Gott, seine Liebe zum Ausdruck. Wenn ich in Gottes Liebe bleibe, dann ist alles in mir daraufhin ausgerichtet. Sie ist mein Zentrum, mein Mittelpunkt, mein Herzstück. Dann will ich nur eines: in Gottes Liebe bleiben. Ich überlasse mich dem Sog hin zu seiner Liebe. Dabei entgleitet mir alles, was mich dabei hindert. Alles. Wieviele Kleinigkeiten, Empfindlichkeiten, Zurücksetzungen, können einen solchen Stellenwert erhalten, können soviel Platz in meinem Leben und meinem Herzen einnehmen, daß sie mich schier total beherrschen und beschweren und mich dabei wegführen von dem Strom, der zu meiner Mitte führt, der mich ins Meer von Gottes Liebe ziehen will.

So ist Gottes Liebe, das in seiner Liebe Bleiben, jene Kraft in mir, die alles, was in mir auseinanderlaufen will, wieder zusammenführt. Sie ist jene einigende Kraft, in der mein wahres Selbst sich zeigt, meldet und wirkt. Mag sich vieles in mir und um mich herum ändern. Diese Kraft bleibt. Auf sie ist Verlaß. Sie ist unabänderlich, konstant. Sie war, ist und wird immer sein. Es ist Gott selbst, der war, ist und sein wird von Ewigkeit zu Ewigkeit.

Es geht dann eigentlich immer nur darum, in Gottes Liebe zu

bleiben. Ich kann noch so weit gehen, mich auf dieses und jenes einlassen, solange ich in der Liebe Gottes bleibe, bin ich verankert, laufe ich nicht Gefahr, mich zu verlieren, bin ich nicht dazu verurteilt, umherzuirren. Und so ist das „Bleibet in meiner Liebe" der Wurzelstock von Augustinus' Aussage: „Liebe und dann tue was du willst."

Wenn ich in Gottes Liebe bleibe, erlebe ich mich als ausgefüllt, bin ich mir genug. Nicht, daß all das, was Leben ausmacht, die Freude und der Kummer, die hohen und die schweren Gefühle, mich nicht auch weiterhin begleiten und ein Teil von mir sind. Allein, sie sind aufgehoben in dem See von Gottes Liebe, der meine Tiefe füllt und meine Mitte ist. Die Freude und die Trauer, die Dankbarkeit und der Ärger, sie sind mir nicht ferne, eher noch näher. Doch sie sind umfangen von den Strömen, dem Wasser, der Liebe Gottes, die in mir Wohnung genommen hat als Ausdruck meines wahren Selbst. Weil dieses Meer der Liebe Gottes mich durchströmt, ja einen wesentlichen Teil meines Selbst ausmacht, ist alles, was in diesem Meer sich abspielt, wirklich Meines.

Ich spüre das tiefe Verlangen, dieses Meer der Liebe Gottes immer und für ewig in mir zu verspüren; ständig von diesem wärmenden Strom der Liebe Gottes umfangen zu sein; in allen Situationen des Lebens, diese Ahnung, diese innere, absolut sichere Gewißheit zu spüren, in Gottes Liebe zu sein; umfangen und umfaßt zu sein von Seiner Liebe; zu erfahren, daß ich, was immer geschieht, in Seiner Liebe bleibe: endgültig, unabdingbar, unwiderrufbar.

Im Meer von Gottes Liebe bade ich. Meine Zerrissenheit, meine Entstellungen, mein Gebrochensein – dort sind sie gut aufgehoben, finden die gebrochenen Stücke zueinander, werde ich wieder meiner Ganzheit gewahr, ahne ich sie zumindest in all meiner Gebrochenheit und Unvollkommenheit. Denn umfaßt von Gottes Liebe, durchflutet von dem Meer seiner Liebe, erfahre ich mich als heil. Ich weiß weiterhin um meine Narben und spüre sie, ich weiß um meine Unzulänglichkeiten und um alles, was mich von meinem wahren Selbst abhält, mich abhält, einfach nur noch mein wahres Selbst zu sein, darin noch mehr selbst zur Liebe Gottes zu werden. Doch ich weiß mich zusammengehalten und gehalten von Gottes Liebe, von Ihm selbst, Der in mir immer mehr Er selbst werden will und damit und darin zugleich immer mehr mir selbst, meinem wahren Selbst zur Entfaltung verhelfen will. Und je mehr Er in mir Er selbst sein darf und ist, desto mehr bin ich ich selbst, mein Selbst.

Bleibe in meiner Liebe. Wenn der Tag zu Ende geht, wenn alles vorbei ist, ich mich von der Erde verabschiede, ich mich von allen und allem trenne, was mir lieb geworden ist. Dann, ja dann, so hoffe und vertraue ich, wirst du mich nicht verlassen. Dann bleibst wirklich nur noch du. So sehr mir die Vorstellung vor jenem Augenblick Angst macht - ganz abgesehen davon, daß es mir unvorstellbar ist, nicht mehr mit den Menschen zu sein, die mir am liebsten sind -, hilft es mir zu wissen, im Tiefsten davon überzeugt zu sein, bei allen Anfechtungen, die ich auch kenne, daß du bei mir bist und ich in deiner Liebe bleibe. Diese Hoffnung läßt mich nicht verzweifeln, schenkt mir Kraft und Trost. Bleibe in meiner Liebe. Es gibt nichts, wonach ich mehr verlangen würde. Bleibe du bei mir!

2. Im Alltag in Gottes Liebe bleiben

Wie ist es möglich, in der Liebe Gottes zu bleiben, wenn ich den alltäglichen Auseinandersetzungen ausgesetzt bin, den Konflikten am Arbeitsplatz, den Erwartungen der Kinder, den Sorgen um das Wohlergehen der Menschen, für die ich da bin? Was heißt das für mein Handeln als Vorgesetzter, wenn ich bestimmt auftreten muß? Was heißt das für meinen Ärger und meine Wut, die ich über jenes Verhalten oder diese Entscheidung bei mir spüre? Wenn ich mich hin- und hergerissen fühle durch die Verpflichtungen und Anforderungen, die mich aufzufressen drohen, wo bleibt dann das „Bleibe in meiner Liebe"?

Dann sehne ich mich unendlich danach, mich in Gottes Liebe aufgehoben zu fühlen. Dann vermisse ich es sehr, sie nicht zu spüren und das Gefühl zu haben, nicht von ihr getragen und umfaßt zu sein. Dann kann es geschehen, daß ich, ohne sie im Augenblick zu spüren, einfach davon ausgehe: Ich bin in Gottes Liebe. Dann setze ich das einfach voraus und lasse mich in sie hinein fallen, um dann – ich kann es kaum glauben – zu erfahren, wie die Spannung nachläßt und sich dieses angenehme Gefühl einstellt, das ich kenne, wenn ich weiß, in Gottes Liebe zu sein.

Wie aber paßt das zusammen, in Gottes Liebe bleiben und Ärger zu empfinden, sich abzugrenzen, bestimmt aufzutreten? Muß ich auf all das verzichten, um in der Liebe Gottes bleiben zu können? Das kann es doch nicht sein. Und in der Tat glaube ich, daß in der Liebe Gottes zu bleiben, nicht verwechselt werden darf mit etwas Weichlichem, gar Süßlichem, Konturenlosem oder Wachsweichem. In der Liebe Gottes zu bleiben, verlangt Entscheidung, kann etwas sehr Radikales sein und mit Entschiedenheit und Wahrhaftigkeit einhergehen. Es stützt mich, insofern es mir den Rücken stärkt und mich aufrecht durchs Leben gehen läßt. Es macht mir Mut, zu meiner Schwachheit zu stehen, da Wahrhaftig-Sein auch heißt, zu meiner Menschlichkeit – und zu ihr gehört mein Schwach-Sein – zu stehen.

3. „DAS GEWALTIGE GEBÄUDE VON LEBEN, HIERARCHIE UND LEHRSÄTZEN FIELE ZURÜCK IN DEN STAUB, WENN DIE LIEBE GOTTES ZUM ERLÖSCHEN KÄME"

Kann es so einfach sein: „Wenn wir einander lieben, bleibt Gott in uns, und seine Liebe ist in uns vollendet" (1 Joh 4). Gott bleibt in uns, wenn wir einander lieben. Darum geht es doch: Daß Gott in uns bleibt, und er bleibt in uns, wenn wir einander lieben. Noch einmal. Kann es so einfach sein? Ist das, worum es der Religion und den Kirchen geht, darauf zu reduzieren, daß wir einander lieben und so gewährleisten, daß Gott in uns bleibt?

Es ist so einfach. Es kann nur darum gehen, und alles in Religion und Kirche kann sich in seinem Kern nur darum drehen, daß wir einander lieben und so Gott in uns bleibt. Wie verstellt und verdeckt ist doch dieser Schatz, wie zuweilen unauffindbar in der Kirche. Dieses Juwel begegnet mir in der Ordensschwester Monika, die dem aidskranken, vom bevorstehenden Tod gezeichneten Afrikaner die Hand hält. Dieser Schatz begegnet mir in den vier Menschen, die vor einigen Tagen auf Mallorca andere Menschen vor den Fluten retten wollten und dabei selbst ihr Leben ließen. Dieser Schatz leuchtet auf in der Liebe zweier Menschen, die im Auf und Ab des Lebens zueinander gestanden haben. Oder ich entdecke diesen Schatz in der liebevollen Fürsorge, mit der der homosexuelle Partner seinen sterbenden Freund pflegt.

„Wenn wir einander lieben, bleibt Gott in uns." Ich denke an das Heer von Theologen, Priestern, Diakonen, kirchlichen Mitarbeitern und Mitarbeiterinnen, Bischöfen. Sie alle haben ihre Bedeutung. Allein, erst wenn sie fähig sind zur Liebe, wenn sie lieben, bleibt Gott in ihnen. Ihre eigentliche Vollmacht, ihre Ur-Vollmacht gründet sich in ihrer Liebesfähigkeit. „Wer nicht liebt, hat Gott nicht gekannt" (1 Joh 4). Teilhard de Chardin (1994) sagt: „Ist es nicht ... eine Tatsache ..., daß das gewaltige Gebäude von Leben, Hierarchie und Lehrsätzen, das die Kirche darstellt, sofort in den Staub zurückfiele, aus dem es hervorgegangen ist, wenn die Liebe Gottes in der Seele des Gläubigen zum Erlöschen käme?"

Bei einem Gespräch mit Carl Rogers, dem Begründer der Gesprächs-psychotherapie, fragte ich ihn, ob er an einen persönlichen Gott glaube. Er verneinte das, meinte dann aber, er könne sich vorstellen, daß Gott in der Liebe zweier Menschen zum Ausdruck kommt. „Niemand hat Gott je geschaut", heißt es im 1. Johannesbrief (4,12). „Aber wenn wir einander lieben, bleibt Gott in uns, und seine Liebe ist in uns vollendet." In der Liebe zueinander vollendet sich Gottes Liebe.

„Gott ist die Liebe, und wer in der Liebe bleibt, bleibt in Gott und Gott bleibt in ihm" (1 Joh 4,17). Auf dem Hintergrund dieser

Aussage erhält Augustinus' Ausspruch: „Liebe und dann tue, was du willst", eine Bedeutung, die mir so bisher noch nicht klar war. Handelt es sich hier doch um die kürzeste Formel, auf die sich das, was Christsein letztlich ausmacht, zusammenfassen läßt: „Gott ist die Liebe, und wer in der Liebe bleibt, bleibt in Gott und Gott bleibt in ihm."

Ich kann gar nicht genau sagen, warum - aber diese Erkenntnis fasziniert mich. Eigentlich habe ich das doch schon immer gewußt. Aber ich habe den Eindruck, als sei mir auf einer tieferen Ebene etwas deutlicher geworden, oder besser ausgedrückt, als sei mir auf einer existentiellen Ebene etwas klar geworden. Von dieser Aussage: „Gott ist die Liebe, und wer in der Liebe bleibt, bleibt in Gott und Gott bleibt in ihm", geht etwas unendlich Freies und Befreiendes, Beglückendes, mich tief Berührendes aus. Wie wenn etwas, das verschüttet gewesen war, jetzt ans Licht kommt. Verschüttet auch durch die Kirchen, die sich zuweilen durch die Art und Weise, wie sie sich in ihren Vertretern zum Ausdruck bringen, so sehr entfernt zu haben scheinen von dieser klaren und zugleich einfachen Aussage: „Gott ist die Liebe, und wer in der Liebe bleibt, bleibt in Gott und Gott bleibt in ihm".

4. Die Vollendung der eigenen Selbst-Verwirklichung: Die Vereinigung mit Gott

Die Liebe ist, so Thomas Merton (1951, 56f.), „der Urgrund meines Seins - denn Gott ist die Liebe ... Wenn ich daher etwas tue oder denke oder sage oder weiß oder begehre, das nicht allein der Liebe zu Gott entspringt, so kann mir weder Frieden noch Ruhe, weder Erfüllung noch Freude daraus erwachsen. Um die Liebe zu finden, muß ich in das Heiligtum eintreten, wo sie sich verbirgt, und das ist die Wesenheit Gottes. Und um in seine Heiligkeit einzugehen, muß ich heilig werden, wie er heilig ist, vollkommen, wie er vollkommen ist. All dies kann ich nicht durch eigene Anstrengung, durch eigenes

Streben oder im Wettstreit mit anderen erreichen. Es bedeutet das Verlassen aller Wege, die die Menschen verstehen und beschreiten können."

„Was bisher nur eine theologische Konzeption war oder ein Bild, das gilt es zu suchen und zu lieben: Vereinigung mit Gott. So geheimnisvoll, daß am Ende der Mensch vermutlich alles tun würde, um es zu vermeiden, sobald er merkt, daß das das Ende der eigenen Selbst-Verwirklichung bedeutet, ein für allemal. Bin ich dazu bereit? Natürlich nicht. Doch geht der Kurs meines Lebens in diese Richtung" (Merton, in: Griffin 1993, 40).

Ich kann Thomas Merton aus ganzem Herzen zustimmen. Ich kenne diese Sehnsucht in mir, Gott immer näher zu kommen und dabei immer mehr ihm ähnlich zu werden. Die Sehnsucht, daß Er immer mehr Platz in mir einnimmt. Dann muß ich das „Bleibe in meiner Liebe" nicht länger üben, nicht länger immer darauf bedacht sein, in dieser Liebe zu bleiben. Dann bin ich diese Liebe. Ich spüre ganz tief in mir, daß das mein Weg ist und ich mich in dieser Richtung bewegen möchte; letztlich kann ich gar nicht anders, als das zu tun.

Zugleich bin ich aber auch mit all den Hindernissen in Berührung, die sich mir dabei in den Weg stellen, innere und äußere Hindernisse. Es bedeutet den Abbruch von Kompromissen, von Halbheiten und Arrangements, auf die ich mich eingelassen habe. Ich merke, wie ich mich davor drücken und die Auseinandersetzung, die damit einhergeht, vermeiden möchte. Doch diese innere Gewißheit, dieses innere Drängen, ist größer und stärker. Ich spüre das deutlich und klar. So deutlich und klar, daß es eigentlich kein Zurück geben kann. Diese Gewißheit geht einher mit der Bereitschaft zu großer Entschiedenheit und dem Gefühl von Kraft und großer Zuversicht.

„Bevor du du selbst werden kannst, mußt du dir allein Zeit nehmen, um du selbst zu werden, um dich in dem, was dich grundsätzlich ausmacht, kennenzulernen. Und du mußt", so Thomas Merton weiter, „die durch Gesellschaft, Ehrgeiz und Selbst-Interesse angehäuften mittelmäßigen und falschen Werte Schicht für Schicht abtragen. Erst aus dem Überfluten einer solchen Kontemplation wirst du deine Wahrheit und deine Wirklichkeit finden" (Merton, in: Griffin 1993,146).

2. KAPITEL
„WÄR' CHRISTUS TAUSENDMAL IN BETHLEHEM GEBOREN UND NICHT IN DIR, DU WÄREST EWIGLICH VERLOREN"

1. Der Stall von Bethlehem in mir

Ich gehe durch die Schneelandschaft, versunken in Gedanken, voll von Sehnsucht. Sehnsucht wonach? Ich weiß es nicht genau. Dann komme ich an eine Stelle, die von der Sonne leicht angestrahlt ist und dadurch in ein eigenartiges Licht getaucht wird – und da bekomme ich eine Ahnung davon, wie es sich anfühlt, von innen erleuchtet und erwärmt zu sein. Es ist, wie wenn Bethlehem in mir Gestalt angenommen hätte, ich zum Stall geworden wäre. Ganz innen in mir, aus weiter Ferne kommend, flackert ein Licht, zaghaft, kaum wahrnehmbar, und verheißt doch Wärme und Heimeligkeit, Zuversicht und Zärtlichkeit.

Gestern war ich am Ende meiner Wanderung in einer Gegend angelangt, die mir ganz neu vorkam. Es war dunkel, und die weihnachtlichen Lichter waren schon überall entzündet worden. Ich fühlte mich sofort wohl und spürte, wie hier zu sein, etwas von meiner Sehnsucht sättigte. Meine Phantasie begann zu arbeiten, ich malte mir aus, wie gut es die Menschen in diesen Häusern haben, was sie alles unternehmen mögen. Da stellte ich fest: Ich bin ja genau an der Stelle, wo ich zur Zeit wohne. Diese Häuser habe ich in den vergangenen Tagen oft von der anderen Seite gesehen. Ich wohne hier ja schon längst mitten drin.

Der Stall von Bethlehem in mir, das Leuchten und die Wärme, die von mir ausgehen, sie allein werden mir das Licht, die Zuversicht, die Wärme, die Sicherheit schenken, nach der ich mich so sehr sehne. Das flackernde Licht in meinem Stall von Bethlehem, in mir, wird entzündet und am Leuchten, Lodern und Wärmen erhalten durch die Psalmen, die ich in meine Hütte hineinfallen lasse. Sie bergen in sich meinen Dank, meine Freude, meine Trauer, meine Verzweiflung. Sie sind Nahrung für mein flackerndes Licht, mein Feuer, mein Leben, mein Licht. Und wenn dieses Licht in mir brennt, ich es sehe und seine Wärme spüre – ja bereits dann, wenn ich eine Ahnung von diesem Licht habe, und manchmal alleine schon, wenn ich darum weiß – brauche ich nicht mehr. Dann ist es gut so. Dann will ich nur sein, da sein, diesem Licht zuschauen, mich an ihm wärmen, mich von ihm erleuchten lassen.

Dann brauche ich nicht die Lichter um mich herum, die so schnell erlöschen. Die Lichter, die für Anerkennung, Aufmerksamkeit, Ruhm, Lob, Wohlstand und vieles mehr stehen. Dann brauche ich keinen Palast, keinen Mercedes, keinen breiten, goldenen Bischofsring. Was ich brauche, sind die Psalmen. Sie sind mein Brot. Sie sind meine Nahrung. Sie helfen mir, meine Leere auszuhalten. Sie erfüllen meine Leere mit Zuversicht und Hoffnung. Inmitten von Hoffnungslosigkeit und Verzweiflung lassen sie mich den Geschmack des Lebens nicht vergessen. Sie sorgen dafür, daß die Flamme nie ganz ausgeht, dem Leben die Nahrung, die es wirklich nährt, nie ganz abhanden kommt.

Beim Empfang der Kommunion lasse ich ganz bewußt den Leib Christi tief in mich hinein sinken. In all das Geröll und in all den Schutt hinein, der sich dort befindet. In alle meine Unsicherheit und Zaghaftigkeit, in all mein Verlangen und Sehnen. Ich lasse den Leib des Herrn hinein in meinen Stall von Bethlehem. Er wird dann Nahrung für mein Licht, Er leuchtet in ihm auf, Er in mir, leuchtet, lodert und wärmt – mich, die Meinen und andere.

2. Ich lasse die Psalmen wie Tau vom Himmel in mich hinein tropfen

Es tut gut, sich bereits zu Beginn des Tages mit den Psalmen zu nähren. Sie sollen sich in meiner Mitte, in meinem Innersten ausbreiten. Sie sollen die Nahrung sein, die mich den Tag über kräftigt. Eine solche Kost nährt mich wirklich, aus ihr heraus vermag ich zu leben.

Wenn ich ganz ausgelaugt bin, wenn alles in mir leer zu sein scheint oder wenn ich das Gefühl habe, daß ich voller Unruhe, Unausgeglichenheit und Brüchigkeit bin, dann mag es an der Zeit sein, zunächst einmal mir selbst Aufmerksamkeit zu schenken. In solchen Situationen erlebe ich es als Nahrung spazierenzugehen, einfach durch den Wald zu gehen.

Ich gehe durch den winterlichen Wald
Überlasse mich einfach vorgegebenen Wegen
Ich bewege mich
Bewege mich nach vorne
Ich höre das Knirschen des Schnees
Ich nehme die Schneelandschaft um mich herum wahr
Ich konzentriere mich nicht auf sie
Ich lasse mich einfach von ihr umfangen
Im Gehen
Im Mich-Einlassen
In die mich umgebende Natur
Löse ich mich
Von meinem Grübeln
Dem Konzentrieren auf das
Was mich beschäftigt
Ich öffne mich
Werde durch meine Umgebung geöffnet
So daß sie in mir Raum nehmen kann
Mich erweitert
Mich nährt.

Ich lasse die Psalmen in mich hineinfallen, hinein in mein Innerstes. Damit möchte ich es ausfüllen. „Es ströme wie Regen herab auf die Felder, wie Regenschauer, die die Erde benetzen" (Ps 52). Sie sollen sich in mir bis in tiefste Schichten hinein ausbreiten. „Seine Frucht wird sein wie die Bäume des Libanon. Menschen blühen in der Stadt wie das Gras der Erde" (Ps 72). Die Psalmen sollen meine Mitte hegen, sie müssen und dürfen meine Nahrung sein.

Dabei weiß ich, daß sie nicht nur ein Leckerbissen sind, sondern durchaus auch eine harte, mitunter karge Kost anbieten können. Doch sie vermögen mich zu nähren und mich am Leben zu erhalten. Solange sie meine Nahrung sind, bleibe ich in Gottes Liebe, solange tritt nichts an ihre Stelle. Sie halten mich in seiner Liebe.

Mit mir, mit meinem Selbst in Kontakt sein, daraus leben und daraus reagieren – das will ich. Auch das verbinde ich mit „in Gottes Liebe bleiben". Bleibe ich in Kontakt mit meiner Mitte, mit mir selbst und meinem Selbst, dann bleibe ich in Gottes Liebe. In meiner Mitte offenbart sich Gottes Liebe. Dort sproßt seine Liebe als prächtige Blume. Mein Selbst ist Ausdruck von Gottes Liebe. Je mehr ich mein Innerstes zulasse und ich selbst bin, eine Person, die sich in ihrem Selbst zeigt und ausdrückt, desto mehr bin ich in Gottes Liebe, desto mehr bin ich umfaßt und umfangen von seiner Liebe.

Ich spüre den Sog hin zu meiner Mitte. Die Sehnsucht, nur noch von dort her mein Leben zu gestalten und auf alles von außen zu reagieren, lebt in mir. Zugleich spüre ich die Sorge und Angst, allzu schnell wieder von dem Sog, der von außen kommt, weggerissen zu werden. Ich spüre die Angst umzufallen, falschen Göttern nachzulaufen, anderswo meine Nahrung zu suchen. Dabei weiß ich, daß allein die Sehnsucht hin zur Mitte der Weg ist, der mich weiterbringt; der mich der Erfüllung meiner tiefsten Sehnsüchte näherbringt, der mich zu dem Licht führt, nach dem ich verlange.

Immer wieder kann ich mich auf diesen Weg machen, auch wenn ich davon abgeglitten und anderen Rufen und Routen gefolgt bin. Es wird nie zu spät sein. Allein, ich mag viele Wege ausprobieren. Ich werde immer wieder auf den einen, diesen Weg zurückkommen, da er allein zum Ziel führt.

Ich lasse die Psalmen wie Tau vom Himmel in mich träufeln. Inmitten des Chaos, das uns und mich umgibt, inmitten der Hektik des Alltags, des Jammers entwurzelter Menschen, aber auch inmitten meiner kleinen Welt von tobenden Kindern, suchenden Menschen, mich aufreibenden Auseinandersetzungen lasse ich die Psalmen auf mich und zugleich auf uns niederregnen. Sie wirken hinein in das Chaos, das Jammern, das Toben, das Aufgeriebenwerden. Sie tragen dazu bei, daß ich in all dem mich selbst nicht verliere, auch indem sie mir helfen, den Kontakt zu dir, meinem Gott, nicht zu verlieren.

In das Grau des Alltags hinein pflanze ich meine Psalmen. Ich spreche sie hinein in diese Stimmung, die mich niederdrückt und zugleich – so paradox es klingt – innerlich wärmt. In mir braut sich etwas zusammen. Es tut sich etwas. Und das ist gut so. Es sind die Anzeichen einer Verwandlung, einer Verwandlung in mir selbst. Im Innersten wird etwas aufgebrochen und öffnet sich, es zeigt sich etwas.

Ein Licht tut sich auf, das bisher nicht zum Zuge kam und nicht flackern, leuchten, lodern oder wärmen durfte. Es ist das Licht in mir, in meinem Stall von Bethlehem. Weihnachten kündigt sich an, mein Weihnachten, an der Schwelle des neuen Jahres. Dieses Licht will von mir entzündet und am Leben erhalten werden. Es will nicht elektrisch zum Leuchten gebracht werden. Von mir, von meiner Quelle will es gespeist werden. Denn es ist mein Licht, mein einzigartiges Licht. Ich bin dieses Licht. Ich vermag zu leuchten, zu lodern, zu wärmen, Menschen an mich zu ziehen, Menschen, die gerne zu diesem Licht kommen, um es zu bestaunen, sich von ihm leuchten zu lassen, sich an ihm zu wärmen. Ich bin Licht, ich bin eine flackernde Flamme, die Heimeligkeit, Zuversicht, Geborgenheit vermittelt und schenkt.

3. ICH BIN MEIN WAHRES SELBST, WENN ICH IN GOTTES LIEBE BLEIBE

Wenn ich in Gottes Liebe bleibe, bleibe ich in ihm und zugleich in mir. Ich bin mein wahres Selbst, ich bringe mein wahres Ich zum Ausdruck, wenn und solange ich in Gottes Liebe bleibe. Hier höre ich wieder das „Liebe und dann tue, was du willst." Allerdings jetzt ganz eindeutig auf Gott hin gerichtet: Bleibe in seiner Liebe, bleibe in diesem dich umgebenden Schutzraum seiner Liebe und dann tue, was du willst.

Solange ich in Gottes Liebe bleibe, stimmt der Weg, den ich eingeschlagen habe. Ich brauche dann gar nicht länger darüber nachzudenken und kann dann diesen Weg einfach gehen. Es ist mein Lebensweg, solange ich auf ihm in Gottes Liebe bleibe. Und es ist der Weg, der mich der sein läßt, der ich bin, ja der mich noch mehr der werden läßt, der zu werden ich berufen und bestimmt bin.

Zwischen Aufwachen und Wachwerden, noch verbunden mit dem Nachklingen meiner Träume, ist mir eine Stelle von C.G. Jung (1972, 61ff.) in den Sinn gekommen, die ich gleich nachgeschaut habe. Sie heißt: „Zu wenige haben es erfahren, daß die göttliche Gestalt innerstes Eigentum der eigenen Seele ist. Ein Christus ist ihnen nur außen begegnet, aber nie aus der eigenen Seele entgegengetreten; darum herrscht dort noch finsteres Heidentum, welches zum Teil in nicht mehr zu leugnender Deutlichkeit, zum Teil in allzu fadenscheiniger Verhüllung die sogenannte christliche Kulturwelt überschwemmt... Solange die Religion nur Glaube und äußere Form und die religiöse Funktion nicht eine Erfahrung der eigenen Seele ist, so ist nichts Gründliches geschehen. Es muß noch verstanden werden, daß das ‚mysterium magnum‘ nicht nur an sich vorhanden, sondern auch vornehmlich in der menschlichen Seele begründet ist. Wer das nicht aus Erfahrung weiß, der mag ein Hochgelehrter der Theologie sein; aber von Religion hat er keine Ahnung noch weniger von Menschenerziehung."

74

Das heißt und meint auch: „Bleibet in meiner Liebe." Da bin ich Gott in meinem Wurzelgrund begegnet, wenn ich ihn in meiner Seele, in meinem Tiefsten geschaut habe. Und wenn ich mit Gott in meinem Innersten, in dem, was mich zutiefst ausmacht, verbunden bleibe, dann vermag mich nichts von ihm zu trennen, dann wird diese Verbundenheit sich auch auf mein Verhalten auswirken, das Ausdruck dieser Verbundenheit sein wird.

4. „SANATIO IN RADICE"

Es ist ein Jahr her, daß mich in einem Silvestergottesdienst in Unterwössen das „Bleibe in meiner Liebe" im Herzen getroffen hat. Dieses Wort hat mich damals sehr intensiv beschäftigt und im Grunde genommen das ganze Jahr über begleitet. Jetzt taucht immer wieder der Ausdruck „sanatio in radice" in mir auf, ein Begriff, den ich mit dem Kirchenrecht in Zusammenhang bringe, die Sanierung an der Wurzel, die Heilung am Grundstock. Ich spüre, daß das „Bleibe in meiner Liebe" und das „sanatio in radice" etwas miteinander zu tun haben. „Bleibe in meiner Liebe", heißt: im Wurzelstock in der Liebe bleiben, in dem, was mich letztlich ausmacht, in der Liebe mit Gott – dir, meinem Gott – zu bleiben und zu sein. Wenn das in meiner tiefsten Schicht geschieht, ist es immun gegenüber den tagtäglichen Gefährdungen, die mir an der Oberfläche widerfahren. Ist dieses „Bleibe in meiner Liebe" nur etwas Aufgesetztes, das nur in der Idylle meines Privatgebetes, meiner angenommenen Liebesbeziehung mit Gott existiert und zu überleben vermag, das nicht dazu in der Lage ist, auch existentiell inneren und äußeren Herausforderungen zu trotzen, dann hat dieses „Bleibe in meiner Liebe" noch nicht Einzug gehalten in meinen Kern. Es hat dann noch nicht von meinem Herzen Besitz ergriffen, und mein Herz ist noch nicht in Gottes Herz aufgegangen. Erst wenn das geschieht, vollendet sich die „sanatio in radice"; dann wird das in mir, was ich als krank, schädlich, schuldig und sündhaft erfahre, verwandelt, gesund und heil.

Schnee, Winterlandschaft, es schneit. Ich gehe durch die Nacht. hell erleuchtete Fenster, weihnachtlich beleuchtete Tannen, Idylle. Kann es schöner sein? Ist das nicht die nächtliche Winterstimmung, die man tausendfach auf Karten bewundert, von der man oft geträumt hat? Hat das etwas mit Heimat zu tun? Da ist doch etwas, das daran erinnert und etwas in uns auslöst, das mit tiefen Sehnsüchten zu tun hat, mit Sehnsüchten, die ein Verlangen nach Vertrautem, nach Licht, nach Ankommen ausdrücken: von der Kälte in die Wärme kommen. Die Kälte, umrahmt von Wärme. Der Kälte ausgesetzt sein und zugleich ganz nahe dem Platz, dem Ort sein, an dem ich mich ausruhen und mich wohlfühlen kann.

Allein, mache ich mir nicht auch etwas vor? Das, wonach ich mich sehne, wird sich hier nicht erfüllen. Ein warmes Zimmer, ein gutes Gespräch, ein schönes Essen, die Kälte der Nacht, das Allein-Sein – ich kann das alles genießen. Aber es erfüllt nicht meine Sehnsucht, mein Verlangen nach einem du, nach dir, meine Frau, dir, meine Tochter, dir, mein Sohn, und in all dem und darüber hinaus nach dir, mein Gott, der du in mir wohnst, mir unüberbietbar nahe bist. Du hast bei mir Wohnung genommen und ich habe dir und mir eine Wohnung bereitet. Bleibe bei mir. Ich will bei dir, in deiner Liebe bleiben. Amen.

TEIL III

WAS UNS WIRKLICH NÄHRT – DEN EIGENEN WEG GEHEN

„Die Ehre Gottes ist der lebendige Mensch, das Leben des Menschen aber ist das Schauen Gottes", sagt Irenäus von Lyon. Um lebendig sein zu können, muß ich als Voraussetzung meinen leiblichen Hunger und Durst stillen können. Es ist wichtig, in Sicherheit zu leben, eingebunden zu sein in tiefe, bedeutungsvolle Beziehungen, dazuzugehören, unserem tiefen Verlangen nach Schönem, nach uns entgrenzenden Erfahrungen, gerecht zu werden. In all dem und darüberhinaus findet die Erfüllung unseres Lebens ihren Ausdruck im Schauen Gottes. Dabei handelt es sich nicht um ein geordnetes, beschauliches, von inneren und äußeren Beeinträchtigungen und Problemen freies Leben. Auch ist der Weg dahin keine geruhsame, sonntägliche Spazierfahrt. Es geht dabei vielmehr um ein eigentlich unmögliches und aussichtsloses Unterfangen, das vielleicht da und dort mit einer Ahnung von dem, was Schauen Gottes meinen könnte, belohnt wird. Der Weg dahin überfordert uns im Grunde genommen, ist es doch ein Weg so radikaler Entäußerung, daß wir unterwegs immer wieder haltmachen und umkehren oder aber nur ganz, ganz langsam vorankommen. Diesen Weg zu erkennen und dann auch zu gehen, kann Nahrung sein, freilich eine Nahrung, die sich zuweilen als eine recht karge Kost erweisen mag. Manchmal wird es nicht mehr als trockenes Brot sein, das uns nährt. Dann mag es Zeiten geben, in denen uns nicht mehr satt macht, was uns bisher nährte, und wir uns auf die Suche nach einer neuen Nahrung machen müssen, bis wir wieder unsere Spur gefunden und die Speise entdeckt haben, die uns wirklich nährt.

1. KAPITEL
„DIE EHRE GOTTES IST DER LEBENDIGE MENSCH, DAS LEBEN DES MENSCHEN ABER IST DAS SCHAUEN GOTTES"

1. Eine Stimme, die dir sagt: Das ist dein Weg

Einmal kommt die Zeit, da willst du nichts anderes, ja kannst du nichts anderes tun, als deinen Weg zu gehen, auch weil du weißt, was dein Weg ist. Es ist ganz eigenartig: Du vernimmst Stimmen, die dich hierhin und dorthin führen, vielleicht auch verführen wollen. Du kennst Momente, in denen du ihnen folgen möchtest, zugleich hörst du aber sehr deutlich und unüberhörbar die *eine* Stimme, die dir sagt, welches dein Weg ist. Diese Stimme kommt aus deiner Mitte. Ihr folgst du bereitwillig. Du kennst keinen Zweifel mehr, daß sie dir etwa einen falschen Weg weisen würde. Eine tiefe Gewißheit umfängt dich, die dich einfach weitergehen, deinen Weg gehen läßt.

Es ist ein Weg, von dem du nicht weißt, wohin er dich führt, dem du aber vertraust, ein Weg auf etwas hin, von dem du keine Ahnung hast, der dich zugleich aber anzieht. Es ist der Weg, der am Ende zum Tod führt – ohne Angst, ohne Beklemmung, ohne Furcht. In diesem Weg erkennst du Gottes Weg – und folgst ihm gerne. Du lebst dabei ganz, wach, bewußt. Du gehst deinen Weg. Du spürst die Freude, die sich einstellt, wenn du dich davon berühren und treffen läßt, daß du deinen Weg gehst und du zu diesem Weg gefunden hast. Von nun an willst du immer nur noch in eine Richtung gehen, den Weg der Verbundenheit mit den Menschen, die dir nahe sind, den Weg der Einsamkeit, den Weg in die Tiefe, den Weg der Echtheit und Wahrhaftigkeit, den Weg, der dein Herz offen sein und auf diese Weise dich dem Leben, der Natur, dir selbst, den Menschen und Gott nahe sein läßt.

Ich gehe meinen Weg
Ich gehe hinaus
Gehe nach vorne
Gehe in die Kälte
Ich gehe

Ich gehe in den Wald
Höre sein Rauschen
Verweile am Bächlein
Gehe
Gehe weiter

Ich denke
An
DICH
Mein ganzes Leben lang
Beschäftigst
DU
Mich

Ich komme
Nach
Hause
Und bete
Aus der Tiefe
Meines Herzens

Lobe den Herrn
Meine Seele
Ich will den Herrn loben
Solange ich lebe
Meinem Gott singen und spielen
Solange ich bin (Ps 146,1)

Es sind vielfach die mächtigen, die mich bestimmenden Seiten und Anteile in mir, die mich behindern, nach vorne zu gehen und wirklich den Weg nach jenem Zuhause anzutreten, das mir vor liegt. Sie lassen mich festhalten an Gewohntem, an Äußerem, an Erreichtem, an Erfolg, an Reichtum und Besitztum, an Status und Position, an fester Meinung und Ideologie. Diese mächtigen Seiten können sich mit einer solchen Macht ausbreiten und sich in meinem Leben Einfluß verschaffen, daß es eine Schwerstarbeit ist, sie zu entthronen, um davon befreit weitergehen zu können. Ihre Entmachtung ist die Voraussetzung dafür, um die zurückgehaltenen Kräfte in mir zum Zuge kommen zu lassen, die an meinem inneren Wachstum interessiert sind. Der Reichtum, den sie mir ermöglichen wollen, meint Lebendigkeit, Kreativität und zu tief empfundenem Leiden und Glück fähig zu sein. Diese hungernde, da vernachlässigte Seite in mir erreicht mich wirklich, wenn ich sie nicht länger übersehe, während die von äußeren Gütern und mit Sicherheiten gesättigte Seite mich letztlich leer bleiben läßt.

Dieser Weg der Entäußerung ist schwer. Er führt mich weg vom Äußeren, dem Verlangen nach Besitz, Ansehen, Ehrerweisung und Erfolg. Immer wieder werde ich eingeholt von dem Sog, der mich zum Äußeren hinzieht. Es erfordert immer wieder neue Kraft, sich ihm zu entziehen und den Weg in die andere Richtung – nach innen – anzutreten. Manchmal bedarf es geradezu eines Aufbäumens, so stark und mächtig sind die Fluten, die mich zu Äußerlichkeiten treiben. Wäre da nicht ganz tief in mir diese Gewißheit, diese innere Stimme, die mir meinen Weg ausweist, ich würde letztlich diesem Sog hin zum Äußeren verfallen – und ich tue es ja immer wieder, wenngleich ich auch erfahren darf, daß ich mich immer wieder aufzumachen vermag, um meinen Weg zu gehen.

Um dann wieder versucht zu werden, unter anderem von den Stimmen, die mir suggerieren, daß jene, die im Mittelpunkt stehen, es doch besser haben und glücklicher sind. Diese Versuchungen scheuen nicht davor zurück, sich auf sehr subtile Weise in Szene zu setzen. Sie schwärmen dir etwas vor von dem Weg der Bescheidenheit, dem Weg weg vom Äußeren hin zum Inneren, und lachen sich dabei ins Fäustchen, weil sie dich dadurch auf Umwegen in die Fluten des Sogs hin zum Äußeren zu stürzen vermögen. Denn, tief in dir hältst du dich jetzt für etwas Besonderes und glaubst, im Leben weiter zu sein als die anderen, die von Äußerlichkeiten abhängig sind. Dabei bist du nicht viel besser, geschweige denn weiter. Im Gegenteil. Sie stehen dazu, während du es abstreitest.

Meinen Weg zu gehen, kann nur heißen, diese Richtung einzuschlagen, weil sie *mein* Weg ist. Unsere Wege sind verschieden. Ich gehe meinen Weg, ohne ihn mit dem Weg zu vergleichen, den andere gehen. Ich lebe, angestoßen von meinem Inneren. Dieses Innere gibt mir zugleich die Orientierung. Mein Kern entscheidet, welche Richtung dieser Weg einschlägt. Davon lasse ich mich leiten. Ich tue das in der Gewißheit, darin und dabei den Weg zu gehen, den *Er* für mich bestimmt hat.

Ich Narr, ich dachte, ich hätte euch besiegt, ihr nagenden, mich herunterziehenden Würge-Engel, die ihr mir das Leben schwer macht, mir wie Blei im Magen liegt und euch über alles, was ich an so Wunderschönem augenblicklich erleben könnte, legt und mir damit aber die Freude nehmt. Oder, könnte es sein, daß ihr die Vorläufer seid, die das Feld, mein Feld bestellen? Die mich rückhaltlos auf mich selbst aufmerksam machen, indem ihr laut ruft: „Halte inne! Schaue auf dein Leben. Kehr' um! Um Gottes willen kehr' um, stopfe die Löcher, die – entweichst du durch sie – dich wegbringen von dem, was dir alles bedeutet, ja von dem, was du vergeblich suchst, wenn du durch die Löcher schlüpfst!" Geh' deinen Weg. Gehe ihn. Nach vorne. Aufrecht vor dir und denen, die dir wichtig sind. Ich will ihn gehen, auch, ja vor allem auch, wenn und wo es schwerfällt.

2. „MAN MUß DAS SEIN, WAS MAN IST"

Nach C.G. Jung (1994, 325f.) sollte der Mensch seiner eigenen Natur gemäß leben. „Er sollte sich um Selbsterkenntnis bemühen und dann der gewonnenen Wahrheit folgen... Man muß das sein, was man ist und zuerst seine eigene Individualität entdecken, das Zentrum der Persönlichkeit, das Bewußtsein und Unbewußtes gleichermaßen umfaßt. Diesem idealen Punkt müssen wir zustreben, auf ihn scheint uns die Natur hinführen zu wollen. Nur von diesem Zentrum her kann man den eigenen Bedürfnissen gerecht werden."

Wenn das Zentrum unserer Persönlichkeit das Bewußtsein und Unbewußtes gleichermaßen umfaßt, dann werden wir unsere wahre Identität nie ganz finden können. Wir haben aber die Chance, ihr näher zu kommen, wenn wir unsere Möglichkeiten, uns unser Unbewußtes bewußt zu machen, nutzen und uns zum Beispiel durch unsere Träume oder durch Malen dahin führen lassen. Auf der anderen Seite dürfen wir auch darauf vertrauen, daß das Unbewußte sich immer wieder bemerkbar macht. Manchmal kann es uns auch lästig werden, wenn es sich regt und uns einen Strich durch die Rechnung macht oder sich einfach querlegt und uns den Weg verstellt, bis wir es endlich verstanden haben, daß wir gerade Gefahr liefen, uns zu verlaufen und vor uns selbst, unserem Selbst davonzulaufen. Überrennen wir die Sperren, die uns das Unbewußte aufrichten mag, überhören wir seine Stimme, übersehen wir die Zeichen und Warnsignale, mit denen es uns an sich – und damit letztlich an uns selbst – erinnern will, kann die Luft für uns bald dünn werden, bis sie uns schließlich ausgeht. Dann sind wir immer weniger wir selbst. Dann werden wir gelebt, statt daß wir leben, leben wir an uns vorbei und wundern uns, daß wir nicht uns selbst, unserem Selbst begegnen, das dann neben uns verschüttet, unerkannt und heimatlos dahinvegetiert.

Manchmal, so C.G. Jung, bedarf es der Therapie, um den freien Fluß des Unbewußten wieder herzustellen. Wessen aber bedarf es, um den freien Zugang zu dem, was über das Unbewußte hinausgeht, wieder herzustellen, wenn dieser Zugang blockiert ist? In diesem Fall kann zum Beispiel geistliche Begleitung helfen. Oft vermag erst ein außergewöhnliches Ereignis, etwa eine Krise, wieder den Zugang dazu freizulegen, bis wir (wieder) unsere innerste Stimme vernehmen können, die uns zu unserer wahren Identität führt, wenn wir ihr Gehör schenken und ihr folgen.

Zu mir selbst, zu meinem Selbst zu stehen, meinem Ich tatsächlich zu gestatten und zu ermöglichen, sich ganz zu zeigen, ganz zur Entfaltung zu kommen, das ist ein radikaler Weg und Prozeß. Da gibt es Momente, in denen ich mir sage: Es genügt, es ist doch schon eine ganze Menge, was ich zugelassen und „erreicht" habe. Doch dann drängt noch mehr und immer mehr, in mir zur Entfaltung zu kommen, dann läßt sich nicht länger stoppen, was ich bisher aus dieser und jener Rücksicht nicht zugelassen habe. Es will heraus und verlangt von mir, mein Vorhaben, mein ganzes Selbst zuzulassen und ernstzumachen. Mit all dem, was heraus will und dann auch herauskommt, kommen auch gleichsam als Geröll Angst und Unsicherheit mit heraus, die bisher in mir eingeschlossen waren. Ich spüre diese Angst und Unsicherheit deutlicher als zuvor. Bisher machten sie sich bemerkbar, indem sie mich davon abzuhalten versuchten, mein Selbst zuzulassen.

Jetzt aber spüre ich deutlich, daß ich die Bremse loslassen muß. Ich spüre regelrecht den Kampf in mir. Da ist die eine Seite, die mich immer noch zurückhalten will, und dort ist die andere Seite, die einfach nach vorne gehen will, die heraus will, die mich aus meiner Ängstlichkeit herausreißen möchte und mir Mut zuspricht. Es ist mein Selbst, das in dieser mich ermutigenden Seite spricht, sich zeigt und zum Ausdruck bringt. Ich weiß, ich will, ja ich kann gar nicht anders, als ihr zu folgen. Auch wenn das für den Moment heißen mag, noch mehr Angst, noch mehr Unsicherheit zu spüren; auch wenn das heißen kann, bei anderen auf Unverständnis, mitunter sogar auf Ablehnung zu stoßen.

Wenn ich wirklich bereit bin, mein Selbst ganz zuzulassen, dann verlangt das von mir auch, wahrhaftig zu sein. Das aber macht mir zu schaffen. Denn das verlangt, auf die Spielchen zu verzichten, mit denen ich anderen etwas vormache. Oder sehe ich das zu eng? Ich meine nicht. Hier wird mir die Radikalität deutlich, die es mit sich bringt, wenn ich es ernst meine, ich selbst zu sein. Ich spüre, wie ich mich davor drücken und es hinausschieben möchte, auf morgen, auf später.

Mein Selbst zuzulassen, das kann heißen, aufzuräumen und auszumisten. Mich immer wieder von dem zu trennen, was sich im Laufe der Zeit in mir und um mich herum angehäuft hat, mich beschäftigt hält, mich aber oft auch davon abhält, das zu akzeptieren und mich auf das zu konzentrieren, was im Augenblick eigentlich dran ist. Mein Selbst annehmen heißt letztlich, immer wieder loszulassen, um wirklich frei zu sein für das, was jetzt an der Reihe ist; frei zu sein, um im Rhythmus des wirklichen Lebens mitschwingen zu können. Nein, diese Formulierung stimmt nicht ganz. Ich will es noch einmal versuchen. Ich erlebe mich oft so besetzt mit etwas, daß ich mich wie abgetrennt vom eigentlichen Leben erfahre; so befangen und gefangen bin, daß ich überhaupt nicht in der Lage bin, im wahrsten Sinne des Wortes zu leben. Leben aber heißt doch, lebendig sein, wach sein, mich im Fluß des Lebens zu bewegen, mich vorwärts treiben zu lassen, spontan zu sein und zu reagieren. Während ich das schreibe, spüre ich, wie sich vieles in mir, das vorher verkrampft war, löst, was vorher erstarrt war, beginnt, sich zu bewegen.

Das oder so ähnlich muß die Ausgangssitiuation sein, die es meinem Selbst leicht macht, sich zu zeigen, aus mir herauszutreten und sich in mir und durch mich umzusetzen. In dieser Stimmung, in dieser Offenheit, in dieser Wachheit, kommt mein Ich bereits zum Ausdruck. Ich muß mich dann gar nicht so sehr anstrengen. Ich muß ihm nur die Erlaubnis geben, daß es sich entfalten darf, daß es willkommen ist, daß ich es will, weil ich immer mehr ich selbst werden und sein will. Das aber heißt auch: das wirklich Eigene, das mehr ist als all das, was sich aus den Einstellungen, Einflüssen anderer zusammensetzen würde, zuzulassen. Denn nur dann, wenn dieses Selbst da ist, bin *ich* da und nicht irgendein Konformist. Es ist das ganz Eigene, das meine Farbe, meinen Charakter, sozusagen meine Duftnote trägt. Da komme wirklich ich darin vor. Es ist Ausdruck von mir und trägt meinen Stempel.

3. Im Lieben findet das Gebären unseres Selbst statt

Unsere Selbst-Werdung vollzieht sich nicht allein in unserem Inneren. Sie vollzieht sich immer nur im Miteinander, zwischen mir und dir, in der Auseinandersetzung mit einem Du.

„Menschen können nur durch Liebe erkannt werden", sagt Thomas Merton. (1966, 156f.) Er berichtet von folgender, ihn tief berührender Erfahrung: „In Louisville, an der Ecke der Vierten und der Walnußstraße, mitten im Einkaufsviertel, überwältigte mich plötzlich die Erkenntnis, daß ich alle diese Menschen liebte; daß sie die Meinigen und ich der Ihrige war und daß wir einander nicht fremd sein konnten, obwohl wir uns überhaupt nicht kannten ... Ich habe die ungeheuer große Freude, ein Mensch zu sein, einer Gattung von Lebewesen anzugehören, in der Gott selbst Fleisch geworden ist. Zwar könnten mich die Schmerzen und Absurditäten, denen die Menschen ausgesetzt sind, überwältigen, aber jetzt erkenne ich deutlich, was wir in Wirklichkeit alle sind. Könnte doch nur jeder das erkennen! Aber man kann es nicht erklären. Es gibt einfach keine Möglichkeit, den Menschen zu sagen, daß sie alle wie strahlende Sonnen durch die Welt laufen ..."

Thomas Merton fährt fort: „Dann war mir, als sehe ich plötzlich die verborgene Schönheit ihrer Herzen, die Tiefe ihrer Herzen, in die weder Sünde, noch Verlangen, noch Selbst-Erkenntnis gelangen kann, den Kern ihrer Wirklichkeit, die Person, die ein jeder in Gottes Augen ist. Wenn sie sich doch selbst so sehen könnten, wie sie wirklich sind."

Indem ich die andere Person durch Liebe erkenne, lerne ich auch mich kennen. Die Liebe zu anderen eröffnet mich, läßt mich aus mir heraustreten. Und in diesem Heraustreten tritt auch zunehmend mein Inneres heraus, entfaltet sich und fängt an zu leben. Im Lieben findet somit so etwas wie das Gebären unseres Innersten, unseres Selbst statt. In meiner Liebe zu anderen Menschen und in der Liebe der anderen zu mir. In der Liebe zur anderen Person mache ich den Weg frei für mein Innerstes, mache ich mich so offen, daß auch zunehmend das Tiefste in mir sich vorwagt und zum Leben erweckt ins Leben übergeht, dabei mich selbst berührend und ergreifend, während es sich aufmacht zu ihr. Durch ihre Liebe wird es angelockt, wird dem Innersten der Aufstieg aus der Tiefe leichter gemacht. Die Liebe der anderen zu mir hilft beim Gebären, ist wie eine Hebamme. Jetzt kommt es zu einem Erkennen, einem Erkennen des jeweils anderen und einem Selbsterkennen, das getränkt ist von den tiefen Schichten dessen, was mich, die andere Person, ausmacht. Es ist ein Erkennen, das weit über ein Wissen über mich und meine Partnerin hinausgeht. Es ist ein Erschmecken, ein Ertasten, ein Erfahren meiner selbst und der anderen. Es ist ein Erkennen, das ein Erahnen meines und deines Geheimnisses umfassen kann. Das aber ist die tiefste Erkenntnis.

Wenn ich einen anderen Menschen liebe, erst dann vermag ich ihn auch so zu sehen, wie Gott ihn sieht. Wenn ich aber den Mitmenschen mit den Augen Gottes sehen kann, wie er wirklich ist, dann vermag auch ich mich so zu sehen, wie ich wirklich bin. Erst die Liebe für den anderen Menschen, die mir den Blick in sein Herz eröffnet, eröffnet mir auch den Blick in mein Zentrum. Mein Prozeß der Selbsterkenntnis und Selbstentfaltung geht einher mit dem Prozeß der Du-Erkenntnis und Du-Erfahrung.

4. „ICH WERDE ENTDECKEN, WER ICH BIN, WENN ICH MICH IN GOTT HINEINVERLIERE"

„Ich werde entdecken, wer ich bin, ich werde zu meiner wahren Identität kommen", wenn ich mich in Gott hineinverliere, betont Thomas Merton (in: Furlong 1982, 190). Manchmal meine ich, das zu können, mich in Gott hineinzuverlieren. Dann fließt gleichsam alles in mir hin zu ihm. Dann vermag ich mich ganz aufzugeben in der Hinwendung zu ihm.

Ist das aber nicht das gerade Gegenteil von dem, was man üblicherweise unter Identität versteht, also ein eigenes Fundament zu finden, aus innerer Gewißheit heraus zu wissen, wer ich bin und was ich will? Identität meint doch, mich von den Einflüssen befreit zu haben, die mich als Kind und Jugendlicher bestimmt und geprägt haben, um so zu meiner eigenen, unverwechselbaren Einzigartigkeit zu finden und zu stehen. Ich nehme Konturen an, vermag mich gegenüber anderen und anderem abzugrenzen. Je sicherer ich meiner selbst bin, desto eher vermag ich mich auf tiefe, intime Beziehungen zu anderen einzulassen, da ich um mich weiß, auch um meine Fähigkeit, mich schützen und mich abgrenzen zu können, und nicht befürchten muß, mich in der anderen Person zu verlieren.

Und da heißt es jetzt: Ich werde entdecken, wer ich bin, ich werde zu meiner wahren Identität kommen, wenn ich mich in Gott hineinverliere. Das aber bedeutet doch: Ich werde mich erst dann entdecken, wenn ich von dem Fundament meiner Identität herabsteige, mich sozusagen im freien Fall dir überlasse. Ich muß erst einmal richtig durchgeschüttelt werden, muß all das loslassen, was mich irgendwelchen Kategorien zuordnet und mich an irgendwelche Zielsetzungen bindet. Ja, ich muß selbst über die Bestimmung und den Lebenstraum, an denen ich meine mich ausrichten zu müssen, hinauswachsen, wenn ich zu meiner wahren Identität finden will. All das muß ich über Bord werfen, es sei denn, es führt mich zu dir, es ermutigt mich, mich, meine anscheinend gefundene Identität vergessend, vorbehaltlos dir zu übergeben.

Wenn ich diese Gedanken zulasse, mich radikal in dich hineinzuverlieren, auch nur für einen Moment ernstnehme, steigt Angst in mir auf. Auf was lasse ich mich da ein, wenn ich damit radikal ernst mache? Ich erschrecke, da ich hier wie kaum sonst spüre und erfahre, wie wenig ich dir vertraue und wie weit entfernt ich noch von meiner wahren Identität und dem Zulassen meines wahren Selbst bin. Wie sehr halten mein mangelndes Vertrauen in dich und in mich, meine Unsicherheit und meine Angst mich davon ab, meine wahre Identität zu entdecken, mein wahres Selbst zur Entfaltung zu bringen.

Wenn ich mich dann doch in dich hineinverlieren kann, dann eröffnet sich mir der einzige Raum, den es gibt und der mir die Weite anbietet, alles in mir zuzulassen; mich so zu entäußern, daß mein wahres Ich in seiner ganzen Herrlichkeit und Erbärmlichkeit sich zeigen, entfalten und zum Ausdruck bringen kann; ich mich, mein Selbst im Verlieren in dich endlich finde.

„Wenn aber einer Gott liebt, dann ist dieser von Gott erkannt" (1 Kor 8,3). Mich in Gott verlieren, das kann ich erst, wenn ich Gott liebe. Dann falle ich hinein in Gott und werde entzündet von ihm. Ein Licht geht in mir auf, mein Licht. Und ich entdecke, sehe, erkenne mich im mir von Gott geschenkten Licht, das sein Licht und das zugleich er selbst ist. Es ist und bleibt ein Geschenk, das ich nicht einfordern kann. Ich kann mich aber immer wieder aufmachen, mich leer-machend in Gott zu verlieren, im Vertrauen darauf, mich so loslassen zu können, daß ich nur noch auf ihn angewiesen bin und das bisher verborgene und nicht geborgene wahre Selbst, meine wahre Identität, mein letzter Grund, gehoben wird.

„Ich bewahr' eine kostbare Perle,
Und Gott sprach:
Wirf sie ins Tiefste meines Herzens.

Und ich tat es
Und fühlte mich elend;
Denn die Tiefe des Herzens Gottes kannte ich nicht:
Mir war, ich würfe alles ins Finstere.

O Nacht, die holder als das Frührot"

(Ägid van Broeckhoven, 1. Mai 1959)

Mich in Gott hineinzuverlieren, das heißt, alles was ich habe, mich, meine kostbare Perle, in die Tiefe seines Herzens zu werfen. Es ist eine Tiefe, die noch unergründlicher, noch dunkler ist als das Unbewußte. Diese Tiefe ist uns noch unzugänglicher. Wir werden sie noch weniger erfahren und uns bewußt machen können, als wir es vom Unbewußten vermögen. Zugleich birgt diese Tiefe weit mehr als alles uns Bewußte und Unbewußte, das zum Zentrum unserer Persönlichkeit gehört, die Axis, den Kern unserer wahren Identität. Sich in diese Tiefe fallen zu lassen, in diese Nacht hineinzugehen, das kann jeder nur alleine wagen.

Wer es wagt, ist in diesem Augenblick bereits mit seiner wahren Identität in Berührung; ihm oder ihr hat sie sich in diesem Moment bereits erschlossen und geöffnet. Denn ein Mensch tut dies aus dieser Identität heraus und auf der Grundlage dieser Identität. Sonst wäre er es nicht selbst, der sich da fallen läßt. Sonst würde er einfach nur umfallen. Im Vertrauen darauf, im Mich-Verlieren in Gott zu meiner wahren Identität zu gelangen, enthüllt sich bereits etwas von dieser wahren Identität, glitzert etwas von ihrem ansonsten noch ins Dunkle getauchten Glanz auf.

5. Meine Nahrung ist es, Deinen Willen zu erfüllen

Wenn ich aus meinem Wurzelgrund heraus lebe, lebe ich aus meinem Kern. Dann wird alles um mich herum an diesem Kern gebrochen. Alles muß davor bestehen können. Wenn ich aber aus meinem Wurzelgrund heraus lebe, wird mein Leben sehr radikal. Es wird ein enges und zugleich weites Leben. Eng wird dieses Leben, da es nicht viel braucht, und das, was vom Wurzelgrund abgedeckt wird, immer nur sehr begrenzt sein kann. Es wird ein Leben, das sich wehrt gegen Anpassung. Es wird ein sehr eigenes Leben, mein Leben sein.

Auf meinen eigenen Füßen stehen, mein Leben wirklich selbst in die

Hand zu nehmen, mir zutrauen, alleine, von mir her mein Leben zu gestalten, das kann ich, wenn ich in mir ein Fundament spüre, auf das ich mein Leben bauen kann. Von diesem Fundament geht eine große Kraft aus, die Abhängigkeit abzuschütteln vermag, die „Nein" sagen und die „Stop! So habe ich das nicht gemeint" ausrufen kann. Es ist eine Kraft, die sich auszudehnen vermag, wo Grenzen mich bisher einengten. Mein Denken und meine Entscheidungen werden von dieser Kraft getragen und sind nicht länger das Ergebnis von Anpassungen und falschen oder unehrlichen Rücksichten.

Was mich wirklich nährt, ist: mein Leben so zu leben, daß darin Gottes Willen zum Ausdruck kommt, in meinem Leben dieses Wort Gestalt annimmt, umgesetzt und verwirklicht wird. Jenes Wort, das Gott in mich hineingesprochen hat, das er mir schon im Mutter- schoß, ja schon davor mit auf den Weg gegeben hat. Sein Wort, das in mir Fleisch geworden ist, in dem und durch das Er selbst auch in mir zum Fleisch geworden ist und in mir Wohnung genommen hat.

Es ist dieses Wort, der in ihm zum Ausdruck kommende Auftrag, die durch es proklamierte Bestimmung, die mir meinen Weg auf- zeigen. Dieses Wort ist meine Orientierung. An ihm richte ich mich aus. Zumindest bin ich gut beraten, mich an ihm auszurichten und mich immer wieder aufzumachen, daran mein Leben zu orientieren.

Solange ich in meinem Leben dieses Wort austrage und lebe, lebe ich auch von und aus diesem Wort. Es wird mir zur Nahrung, indem es mich mit Sinnerfüllung - mit der Befriedigung, die aus der Erfahrung, den mir zugedachten Entwurf voranzutreiben, hervor- geht - beschenkt. Ich darf dann die Erfahrung machen: Das Wort ist Fleisch geworden. Wenn Gottes Wort in meinem Leben zum Fleisch wird, bin ich auf dem Weg, der zu werden, der zu werden ich berufen und bestimmt bin.

2. KAPITEL
MEINEN WEG GEHEN

1. WENN MICH NICHT MEHR NÄHRT, WAS MICH EINST SATT MACHTE

Manches, was uns bisher genährt hat, vermag uns in einer bestimmten Phase oder ab einer bestimmten Zeit in unserem Leben nicht länger zu sättigen. Wir spüren, daß uns etwas fehlt; etwas, das uns bisher zu nähren vermochte, uns sättigen, befriedigen, froh machen konnte, vermag das nicht länger. Der Rhythmus des Klosterlebens, der uns einst entsprach, die langen Gebetszeiten, die wir als Zeiten der innigen Verbundenheit mit Gott erfahren durften, sie bedeuten uns jetzt nichts mehr, werden uns mitunter lästig. Die Erfahrung, eine Familie zu sein und mit einem geliebten Partner zu leben, die uns einst höchste Erfüllung bedeutete, vermag uns nicht länger zu nähren. Dann melden sich ein Hunger und Durst in uns nach etwas, das unsere Lebensgewohnheiten nicht länger stillen können. Wir kennen uns nicht mehr richtig aus und fragen uns: „Was ist denn los mit mir?" Oft werden wir diese Frage gar nicht beantworten können. Auch die Frage, was es denn ist, wonach wir hungern, was uns wirklich nährt, kann ohne Antwort bleiben.

Mancher und manche mag dann versuchen, recht schnell neue Nahrung zu finden. Vielleicht auch zu schnell, etwa dann, wenn sie oder er zum Beispiel eine Gemeinschaft verläßt oder den Partner wechselt. Andere werden vielleicht zunächst erstmal eine neue Nahrung ausprobieren; der Ehepartner, der fremd geht oder die Ordensschwester, die die straffe Klosterordnung durchbricht und ihr eine eigene Ordnung entgegensetzt. Ob sie dadurch die Nahrung erhalten, nach der sie verlangen und die sie wirklich nährt, wird sich erweisen. Vermutlich wird in vielen Fällen ein schneller „Nahrungswechsel" nicht die ersehnte, wirklich sattmachende Nahrung liefern.

Oft mag es zunächst einmal wichtig sein: innezuhalten, um sich zu fragen, woran es liegt, daß etwas, das mich vorher nährte, zufrieden und glücklich machte, mich jetzt nicht mehr nährt, unzufrieden und traurig sein läßt. Und es mag gut sein, die Unzufriedenheit, die Traurigkeit, das Gefühl nicht genährt zu werden, zuzulassen. Dann kann es geschehen, daß Situationen und Erlebnisse der letzten Zeit mir deutlicher bewußt werden und ich damit in Berührung komme, daß sie mir mitunter ganz schön zugesetzt haben, mir im wahrsten Sinne des Wortes auch den Appetit am Leben verdorben haben: Todesfälle und Krankheiten in der nächsten Umgebung, berufliche Probleme, Konflikte mit dem Partner oder in der Gemeinschaft. Oder ich mag zunehmend spüren, daß sich insgesamt in meinem Leben etwas verändert hat; ich merke, daß ehe ich mich richtig versehen habe, ich fünf, zehn Jahre älter geworden bin und jetzt fast mit einem inneren Schrecken entdecke, daß mein Leben unweigerlich dem Ende entgegengeht. Da ist alles bisher insgesamt gut gelaufen, ich bin erfolgreich gewesen, ich habe etwas aus meinem Leben gemacht, und es war auch insgesamt gut und befriedigend. Doch jetzt, ja jetzt, klemmt es irgendwo, jetzt sträubt sich etwas in mir und will nicht, daß es so weitergeht. Ich spüre, ich will nicht mehr so weiterleben oder einfach auch, ich kann nicht mehr so weiterleben. Doch wie will ich weiterleben?

Man mag dann mit der Zeit darauf kommen, was man alles in den vergangenen Jahren vernachlässigt hat; wie zunehmend unausgeglichen sich unser Leben entwickelt hat; wie sträflich man selbst mit all den weisen Erkenntnissen umgegangen ist, die man anderen gegenüber ständig auf den Lippen trägt, wie: „Im Hier und Jetzt leben", „Loslassen und Zulassen", „Gönne dich dir selbst" und derlei mehr. Man glaubte zwar, das alles immer wieder angemessen berücksichtigt zu haben, um jetzt feststellen zu müssen, wie sehr man sich in Wirklichkeit etwas vorgemacht hat und man im Grunde genommen an seinem Leben vorbeigelebt hat.

Und jetzt ist mein Leben tatsächlich bald zu Ende. Jedenfalls wird man tagtäglich immer deutlicher daran erinnert, daß es auf das Ende zugeht und es unweigerlich ein Ende gibt. Dann schmeckt einem plötzlich nicht mehr das, was man bisher mit gutem Appetit genoß; es schmeckt nicht mehr und vor allem, es sättigt nicht mehr.

Man mag es zunächst nicht glauben wollen, ist irritiert, manchmal sogar verzweifelt. Eine Zäsur findet statt, ein Einschnitt. Und wie so oft bei einschneidenden Erlebnissen und Erfahrungen in unserem Leben, tritt eine Krise ein. Das ist verständlich. Wenn etwas in unser Fleisch einschneidet, tut das weh. Eine solche Situation ist verwirrend. Man treibt ziellos, wenig Sinn sehend, kaum Halt spürend umher, wie auf einem Boot, dessen Steuer zerbrochen ist. Es fehlen die Sterne, an denen man sich bisher ausgerichtet hatte. Sie sind wie verschwunden. Und selbst dann, wenn welche sichtbar sind, haben sie ihre Anziehungskraft verloren.

Bis es irgendwann geschehen mag, daß jemand zum Beispiel im Erleben einer Bergwanderung, im Erfahren einer morgendlichen Berglandschaft, mit dem in Berührung kommt, wonach er oder sie sich sehnt: dem Schatz in uns, den es letztlich zu bergen und zu lüften, zu heben, ins Bewußtsein und in unsere Wahrnehmung zu bringen gilt. Wir spüren, da regt sich etwas, das eine leise Freude in uns auslöst; etwas, das das Gewesene positiver wertet, als wir es bis jetzt getan haben, und einhergehend damit Zufriedenheit in uns auslöst. Wir sind dann zumindest für eine Weile zuversichtlicher gestimmt und spüren die Ahnung, daß es in diese Richtung weitergehen muß. Da deutet sich etwas an, das mir die Richtung, in die ich gehen muß, aufzeigt. Es ist, wie wenn man nach langer Zeit wenigstens für einen Augenblick das Ufer des Landes sieht, auf das man hinsteuern möchte, um dort anzulegen und endlich wieder sicheren Boden unter den Füßen zu spüren. Das tut gut. Das gibt Auftrieb. Auch wenn dann das Ufer wieder aus unserer Sicht zu entschwinden scheint und wir wieder das Gefühl haben, auf dem Wasser zu treiben.

2. STERBEN, UM ZU LEBEN – VERWANDELN UND WACHSEN

Doch jetzt ist es nicht mehr wie bisher. Ich habe etwas „gesehen", das von diesem Augenblick an etwas mit mir macht. Bisher habe ich bei aller Schwere, die auf mir lag, bei aller Dunkelheit, die sich um mich verbreitete und mir die Sicht nahm, lediglich gewußt und darauf vertraut, daß ich irgendwann an das ersehnte Ufer gelangen werde. Jetzt habe ich es geschaut. Das gibt mir Auftrieb. Das verändert mich. Ich spüre, wie sich der Schatz in mir immer stärker bemerkbar macht. Ich muß im Augenblick nicht mehr tun, als zuzulassen, mich von dem Kostbaren, dem Guten, das er in sich birgt, nähren zu lassen.

Ich spüre den Kampf zwischen dem Dunklen und Schweren auf der einen und dem Kostbaren und Nährenden auf der anderen Seite. Das Dunkle will nicht weichen. Manchmal siegt das Schwere, dann wieder das Kostbare, Helle. Es ist wie bei den Wolken, die den Blick auf die Berge verdecken, der Sonne den vollen Strahl und das volle Leuchten verwehren. Ich sehe ihr Leuchten an manchen Stellen, ich weiß, daß sie scheint. Doch sie ist verdeckt.

Genauso verhält es sich, wenn durch Verzerrungen, Idealisierungen und Fixierungen der Schatz in mir, das Kostbare und Nährende, das von ihm ausgeht, in Schach gehalten und am Leuchten gehindert wird, bis ich mit der Wirklichkeit in Berührung komme und die überzogenen Erwartungen wie Luftballons platzen. Was danach den Himmel verfinstert, sind die Gefühle von Enttäuschung und Trauer über den Verlust von Ersehntem, von dem ich Abschied nehmen muß. Die aber muß ich zulassen. Und ich muß mir Zeit lassen. Ich darf nicht vorschnell versuchen, die Wolken der Enttäuschungen, der geplatzten Erwartungen und Sehnsüchte zu vertreiben. Sie sind der Stoff, der mir hilft, aus den Höhen der Unwirklichkeit in den Bereich der Wirklichkeit herabzusteigen und mich zu erden.

Dieser Bereich aber ist unausweichlich und unentrinnbar dem natürlichen menschlichen Prozeß unterworfen, dem Leben und Sterben, dem Wachsen und Abnehmen und das nach einer Uhr, die wir nicht beeinflussen können. Das ist manchmal schwer zu ertragen, vor allem dann, wenn man glaubt, den Schmerz der Leere und Traurigkeit nicht länger aushalten zu können; wenn man es einfach gerne hinter sich gebracht hätte, um wieder normal, ja wie vorher, als alles noch in Ordnung schien, leben zu können. Zugleich ist es aber auch einfach gut, daß wir die Zeit nicht beeinflussen können. Es braucht einfach Zeit, wie es für ein organisches Wachsen typisch ist. Es entwickelt sich, was es zu entwickeln und zu entfalten gilt. Das ist auch tröstlich. Es ist, wenn man es richtig bedenkt und in Ruhe auf sich wirken läßt, einzigartig und wunderbar. Ich darf mich darauf verlassen, daß ohne mein Zutun die in mir angelegten Kräfte meine Entfaltung vorantreiben, wenn ich sie nur lasse. Es verlangt von mir, das an Gefühlen und Empfindungen zuzulassen, was mit diesen Wachstumsprozessen einhergeht. Diese Gefühle und Empfindungen gehören gleichsam als Nahrung zu diesem Wachsen. Die Erfahrung von Dunkelheit, Verwirrung, Trauer ist so etwas wie der „Mist", der den Boden für das innere Wachsen düngt.

In diese Traurigkeit, Verwirrung und Hilflosigkeit streue ich die Psalmen.

Die irregingen in der Wüste,
In ungebahntem Wege,
Und fanden keine Stadt,
Da sie wohnen konnten,
Hungrig und durstig,
Und ihre Seele verschmachtete;
Die zum Herrn riefen in ihrer Not,
Und er errettete sie aus ihren Ängsten
Und führte sie auf einen richtigen Weg ...
Die da sitzen mußten in Finsternis und Dunkel,
Gefangen in Zwang und Eisen ...
Die zum Herrn riefen in ihrer Not,
Und er half ihnen aus ihren Ängsten

Und führte sie aus Finsternis und Dunkel
Und zerriß ihre Bande ...
Die sollen dem Herrn danken für seine Güte
Und für seine Wunder,
Die er an den Menschenkindern tut,
Daß er sättigt die durstige Seele
Und füllt die hungrige Seele mit Gutem
(Ps 107,1-14)

Die Dunkelheit, Traurigkeit und Hilflosigkeit vermischen sich mit
den Worten der Psalmen. Sie finden sich in diesen Worten wieder,
werden zugelassen und zugleich vertieft und weitergeführt, werden
ausgesprochen und zugleich Gott hingetragen. Die Traurigkeit und
die Erfahrung von Dunkelheit, Ausweglosigkeit und Hilflosigkeit
werden verbunden mit der Zuversicht, daß sie mich nicht ständig
bedrängen werden. In mir brodelt es. Es ist viel los. Es knirscht und
knackt. Ein Ziehen und Strecken ist im Gange. Es tut sich was. Ich
lebe. Das ist Leben. Es ist nicht weniger Leben als die Zeit der
sogenannten Normalität, der Stille, der Zufriedenheit. Wenn alles in
mir gährt, durcheinander ist, ich verunsichert, manchmal verzweifelt
bin, dann spüre ich das Leben besonders. Dann bin ich auch mehr
mit den Rändern meines Lebens in Berührung: meinen Grenzerfah-
rungen, Unzulänglichkeiten, Leidenschaften, Sehnsüchten, zerplatz-
ten Hoffnungen und tiefen Wunden.
Ich muß an das Altarbild in der Leonhard-Kapelle in Scheffau in
Tirol denken: Jesus, der an seine geöffnete Seite den Kelch hält, um
das Blut aufzufangen. Das Blut der Wunde dieser Zeit der Trauer,
des Abschieds und Übergangs wird im Kelch gesammelt, weil es
kostbar ist. Es ist Blut, das zum Trank wird, das stärkt, damit es
weitergehen kann. Unabhängig von dem Blut, das Er für uns
vergossen hat, müssen wir unser Blut vergießen, muß jeder und jede
ihren/seinen Golgotha besteigen, gekreuzigt werden und sterben.
Wenn wir durch die Dunkelheit gehen, die Hoffnungslosigkeit
aushalten, die Trauer zulassen, loslassen, uns ergeben, können wir

wieder aufstehen, weitergehen, auferstehen. Dem Aufbruch, der Auferstehung geht das Sterben, das Abschiednehmen voraus. Unausweichlich. Daran geht für keine und niemanden der Weg vorbei.

Auch wenn wir meinen, jetzt habe ich es doch hinter mir, es ist gut, es ist genug, kann und wird es uns immer wieder ereilen, solange wir leben und nur dann – und alles in mir wehrt sich dagegen, wenn ich das sage –, wenn es nicht ausbleibt, lebe ich auch noch. Das ist der Gang, der wirkliche, manchmal einfach auch brutale und harte Gang unseres Lebens. Tröstlich ist, daß dann auch die Zeit wiederkommt, die mir Klarheit, Licht, Zuversicht, Freude und Glück schenkt. Dessen bin ich mir sicher. Das aber ist tröstlich. Das hilft sehr, nicht vorschnell aufzuhören. Es hilft, den Schmerz auszuhalten und ihn nicht zu betäuben oder zu verdrängen. Es gibt mir die Kraft, mich nicht von Versuchungen, die mich von meinem Schmerz wegführen möchten, verführen zu lassen, sondern bewußt im Schmerz zu bleiben, weil ich weiß: Ich werde eines Tages durch die schwierige Zeit hindurch sein, wenn ich wirklich durch sie hindurch und nicht an ihr vorbei gehe.

3. ICH NÄHERE MICH MEINEM ZIEL

Es schafft weiter in mir. Ich harre aus, halte den Kloß im Hals, die leise Traurigkeit, die unerfüllte Sehnsucht aus. Sie umhüllen den Schatz, den ich bergen will und der sich immer mehr selbst nach oben schafft. Dieser Schatz ist da, und ich spüre ihn auch, aber er wirkt noch wie eingepackt und daher in seiner Wirkung beschränkt. Doch letztlich erweist er sich als stärker, wird zunehmend spürbarer als meine Mitte, genährt aus der Tiefe. Ich muß nur warten können und ihm die Zeit lassen, die er braucht, um sich mir in seiner ganzen Fülle zu zeigen. Ich lasse ihm die Zeit, versuche mich nicht vorschnell aufzupeitschen, die trüben Gedanken und Stimmungen zu vertreiben. Nicht daß ich mich in ihnen aale. Nein! Sie sind wirklich, sie gehören dazu. Sie sind die Nachwehen vorausgegangener Schmerzen und Erschütterungen. Sie werden mich wohl noch für einige Zeit begleiten, werden aber an Intensität und Dauer abnehmen, bis eines Tages mein Schatz unverhüllt in seiner ganzen Kostbarkeit und Fülle mir zur Verfügung steht.

Ich gehe meinen Weg
Durch Geröll und Schlamm
Manchmal steil hinauf
Dann wieder abschüssig hinab
Vorbei an Felsen und Abgründen
Ich gehe zügig
Der Weg ist durchzogen von Baumwurzeln
Dann ist er bloß Schotter oder weich gewordene Erde
Es regnet
Kurz vor dem Ziel
Der Wallner-Alm
Wäre ich fast noch ausgerutscht
Ich will diesen Weg gehen
Zwischendurch zweifle ich kurz
Ob es so gut war
Bei diesem Wetter auf den Berg zu gehen
Doch ich gehe weiter
Ich gehe einfach weiter
Überlasse mich dem vorgegebenen Pfad
Von dem ich weiß
Er wird mich an mein Ziel bringen

Verglichen mit dem inneren Weg, den ich gehen muß, ist es ein leichter Weg, wenn mich auch vieles an Erfahrungen meines inneren Weges erinnert. Auch mein innerer Weg ist ein Gang durch Geröll und Schlamm, vorbei an Felsen und Abgründen, über Steine und Wurzeln. Die Gefahr auszurutschen ist ständig vorhanden. Ich weiß nicht genau, wohin er mich führt. Doch es gibt eine Fährte, der ich folge, eine unsichtbare, erahnte Spur, einen Stern, der mich anzieht, obwohl ich ihn nicht sehe, den ich aber wohl im Tiefsten kenne. Ich muß nur bereit sein und mich aufmachen weiterzugehen, nicht stehenzubleiben oder gar zurückzugehen.

Mein Ziel ist nicht die Wallner-Alm, in der ich jetzt in einer warmen Stube sitze, umringt von munteren Menschen, die ein Tiroler mit Musik auf seiner Ziehharmonika erfreut. Mein Ziel ist kein fest auszumachender Ort. So gerne ich einen solchen festen Ort als mein Ziel ausmachen und erreichen möchte. Mein Ziel ist, nicht länger auf Ziele zu stieren. Mein Ziel ist, auf Ziele verzichten zu können, um unbehindert der unsichtbaren Spur, dem unsichtbaren Stern folgen zu können, die mich zum Ort meiner Bestimmung führen.

Dann verschwinden die Wolken, der Blick wird frei und es wird hell – in mir. Es scheint, als habe es keiner Anstrengung bedurft, um die Wolken auseinanderzuschieben, als seien sie einfach irgendwann von alleine verschwunden. Doch das täuscht. Die Anstrengung bestand im Aushalten der Wolken, der Dunkelheit, der Unklarheit; in der Zuversicht und im Vertrauen, daß die Wolken vorbeiziehen und wegziehen werden, der Tag kommen wird, an dem die Zeit der Trauer, der Beklemmung und seelischen Not vorbei sein wird.

Und dann – ich kann es kaum glauben, will ich doch nicht zu schnell etwas für wahr erachten, das ich nachher vielleicht wieder rückgängig machen muß – ist der Moment da. Man hat es geschafft. Der langersehnte Augenblick ist eingetroffen. Ich fühle mich leicht und befreit. Mein Herz ist froh gestimmt. Die Sonne strahlt mich an. Ganz vorsichtig meldet sich ein Gefühl von Glücklich-Sein, wie wenn es um die Ecke schaut, noch etwas unsicher, ob es schon in Erscheinung treten darf. Ruhe und Gelassenheit breiten sich in mir aus. Es ist gut so. Es ist gut zu sein. Es ist gut, ja es ist schön zu leben.

Immer öfter gibt es Augenblicke, ja Phasen, da spüre ich wieder Kraft und Energie in mir. Es ist dann, als tränke ich im Vollen aus dem Becher des Lebens. Was vorher an Kraft, Kreativität, Lebensmut und Lebenslust in mir versiegt und eingesperrt war und mir in seiner kümmerlichen Situation Schmerzen bereitete, mich traurig stimmte und in mir Gefühle von Ausweglosigkeit und Hoffnungslosigkeit auslöste, stellt sich jetzt in Fülle meinem Leben zur Verfügung. Es ist wie ein erfrischender, voll von Leben strotzender Wasserfall, der sich über mich ergießt, der mich belebt, mich springen und tanzen läßt.

Die Schatztruhe öffnet sich und der Schatz quillt heraus. Es ist kein Gold, es sind keine wertvollen Ketten und Ringe. Was aus der Truhe herausquillt und sich über mein Inneres ergießt, ist *Gelassenheit*, die mich befähigt, nicht länger festzuhalten, was ich bisher meinte, festhalten zu müssen. Eine Gelassenheit, die mir die Sorge und Angst nimmt, die ich spürte, wenn ich das Gefühl hatte, das was ich meinte, festhalten zu müssen, nicht länger festhalten zu können. Eine Gelassenheit, die mich vertrauensvoll und zuversichtlich weitergehen läßt. Mit dieser Gelassenheit geht eine neue Sichtweise einher, die mich vieles weiter sehen läßt, die mir im privaten, beruflichen und religiösen Leben mehr Raum und Möglichkeiten als bisher eröffnet. Die angstmachende, schmerzvolle Enge, die die eine Seite der Sanduhr mit der darunterliegenden Öffnung verbindet, ist durchschritten, zumindest läßt sich das Ende der Enge erahnen, und es umweht mich jetzt schon etwas von der erlösenden Weite, die auf mich wartet.

Das Gut, mit dem meine Seele gefüllt worden ist, ist nicht greifbar, glitzert und glänzt nicht. Und dennoch: Es ist das Kostbarste, das mir geschenkt werden konnte: Gelassenheit. Das ist die Nahrung, nach der ich verlange.

Hört auf mich,
Dann bekommt ihr das Beste zu essen
Und könnt euch laben an fetten Speisen.
Neigt euer Ohr mir zu
Und kommt zu mir,
Hört,
Dann werdet ihr leben. (Jes 55,3)

Gelassenheit erfahre ich, wenn ich mein Ohr dir zuneige, zu dir komme, auf dich höre. Sie ermutigt mich zum Leben, mich auf das Heute und Morgen einzulassen. Sie ermutigt mich *sein* zulassen und *los* zulassen, einfach weiterzugehen.

3. KAPITEL
AUFBRECHEN

1. Der Aufbruch geht mit einem inneren Aufbrechen einher

Dann ist es an der Zeit aufzubrechen. Die Zeit der Trauer und Unsicherheit ist vorüber. Das Klagen hat seine Berechtigung und seinen Sinn verloren. Jetzt ist die Stunde gekommen aufzubrechen. Alles ist gepackt. Ich bin gerüstet und bereit. Mag vorher mein Zaudern, meine Unentschlossenheit berechtigt gewesen sein - jetzt ist die Zeit gekommen aufzubrechen.

Ich spüre die Bereitschaft dazu überall in mir. Es herrscht Aufbruchsstimmung. Ich bin mir innerlich gewiß, daß jetzt die Stunde gekommen ist. Dennoch zögere ich noch für einen Moment. Ein letztes Mal meldet sich die Seite, die nicht aufbrechen will, die nicht loslassen will. Sie klebt noch fest an dem Gewesenen bzw. anscheinend Gewesenen. Sie fühlt sich noch nicht fähig, neue Wege zu gehen. Doch jetzt hat sie keine Chance mehr. Sie vermag den Aufbruch nicht länger zu verhindern. Sie wird von dem Sog des Aufbruchs mitgerissen.

Der Aufbruch geht einher mit einem inneren Aufbrechen. Bisher Zurückgehaltenes drängt nach vorne, treibt mich an. Es sind meine von Bedürfnissen, Wünschen und Sehnsüchten genährte Energien, die bisher blockiert waren, jetzt aber ungehindert fließen und sich Ausdruck verschaffen können. Sie tragen mit dazu bei, daß ich innerlich aufbreche - und das im wahrsten Sinne des Wortes. Ich mache bei mir auf. Ich beende die mitunter notwendige Zeit des Mich-Abschottens und des Rückzuges. Ich wache auf, stelle mich der Welt außerhalb von mir und nehme wieder aktiv am Leben teil. Ich wage wieder Leben. Ich spüre in mir genug Kraft, Mut, Zuversicht dafür. Innerlich aufgebrochen bin ich bereit aufzubrechen.

Ich bin aufgebrochen nach Berkeley in Kalifornien. Coming home? Nein! Kein Heimkommen. Mein Zuhause ist da, wo ich lebe. Dort sind meine Frau, meine Kinder, meine Freunde, die Menschen, die durch meine Arbeit mit mir verbunden sind. Es ist ein Aufbrechen für eine Weile. Vor fast zwanzig Jahren, als ich zum ersten Mal nach Berkeley aufbrach, da bekam ich in den ersten Tagen Heimweh. Ich fragte mich, wie ich so etwas nur tun konnte, von zu Hause wegzugehen. Das ist jetzt anders. Es ist gut, hier zu sein, im Wissen, ein Zuhause zu haben. Und wenn ich hier in Berkeley an vertraute Orte gehe, durch vertraute Straßen, dann brechen zwischendurch Erinnerungen durch, brechen Gefühle auf, die mich zum Teil tief berühren. Hier fühle ich mich zwanzig Jahre zurückversetzt, Personen, Situationen, Erlebnisse von damals tauchen auf. Es ist ein Aufbrechen, das eher einem Aufmachen gleich kommt, nicht gewaltsam und doch angesichts der Konfrontation mit der Vergangenheit auch nicht wirklich zu verhindern. Was in all dem aufbricht, ist die Frage, die Reinhard Mey in seinem Song zum 50. Geburtstag stellt: „Ist es schon so lange her?" Ja, ist das schon so lange her? Und dann kommt mir in den Sinn, was ich damals dachte, tat, was mich umtrieb, etwas ganz anderes als das, was mich heute beschäftigt, was ich heute tue und denke?

Ich sitze in meinem Lieblingscafe in Berkeley, dem „café strada" und lese in Joyce Rupps (1996) Buch „Dear Heart, Come Home. The Path of Midlife Spirituality". Vieles, was sie darin schreibt, spricht mich an. Heimkommen, mein Herz muß heimkommen, mein Innerstes. Ich muß, wenn ich zu meinem wahren Selbst finden will, heimkommen. Manchmal denke ich, ich bin durch. Ich bin durch die Schicht gedrungen, die mich bisher davon abhielt, zu meinem wahren Selbst zu kommen. Ich bin durch diese garstige, dunkle, schmerzvolle Zeit hindurch. Ich habe diese Schicht durchstoßen. Jetzt ist der Durchbruch geschafft. Jetzt kann ich endlich aufbrechen. Es gibt Momente und

Phasen, da ist das auch der Fall. Doch dann fühle ich wieder die
Stricke, die mich zurückhalten, die mich in meiner Bewegungs-
freiheit einengen und meinen Aufbruch verhindern wollen.

2. AUFBRECHEN ALS AUSHALTEN

Ganz unsicher bin ich mir noch in meiner Beziehung zu Gott. Wie
wenn hier augenblicklich Funkstille herrschen würde. Sonst würde
ich in Momenten wie diesen schon längst zu den Psalmen gegriffen
haben. Aber es zieht mich augenblicklich nicht dahin. Gestern ging
ich in die Schalom-Kapelle der Jesuiten in Berkeley, um an der
Eucharistiefeier teilzunehmen. Es war gut. Ich war da. Ich betete mit.
Während ich das so nüchtern aufzähle, merke ich, was sich verändert
hat. Meine Beziehung zu Gott ist nüchterner geworden. Ich spüre
tief in mir, daß ich hier nichts erzwingen darf und ausharren muß,
offen sein muß, was sich in meiner Einstellung, in meiner
Beziehung, in meinem mich zu Gott in Beziehung-Stellen verwandeln will. Gott ist mir nicht fern. Aber er ist mir auch nicht nah. Er
ist mir nicht egal, aber er ist mir auch im Augenblick nicht so
besonders wichtig. Ich merke, wie ich zögere, das zu schreiben. Wie
wenn sich das nicht gehöre. Gott hat einem Christen doch am
Wichtigsten zu sein, will eine Stimme in mir sagen. Allein, ich will
bei dem bleiben, was bei mir im Augenblick wirklich da ist. Und das
spüre ich zunehmend, darum geht es doch auch: wahrhaftiger zu
sein, was mir Gott bedeutet, was tatsächlich an Beziehung zu ihm da
ist. Ich möchte *dem* Raum lassen, was wirklich da ist, und nicht zu
hastig, mitunter auch durch Beten, eine Beziehung, eine Nähe
herstellen wollen, die in Wirklichkeit gar nicht da ist, sondern
„hergebetet", von mir hergeholt worden ist.
So will ich mir Zeit lassen, will einfach Raum lassen dafür, daß Gott
dort einkehren kann, wenn und wann er will. Das ist mir noch nie
so deutlich geworden wie in diesem Augenblick, wie wichtig es ist,
Gott diesen Raum zuzugestehen und nicht vorschnell selbst diesen
Raum zu füllen und sei es durch Beten. Ich fühle mich durch das,

was ich gerade geschrieben habe, innerlich tief angesprochen. Da ist mir etwas Wichtiges klar geworden. Zugleich spüre ich, wie ich auf diese Weise „plötzlich" wieder mehr mit Gott in „Kontakt" gekommen bin. Ich bin ja an ihm interessiert. Letztlich will ich ja, daß mich meine Beziehung zu ihm wieder nährt. Ich will ihn aber nicht (länger) bedrängen. Ich bin bereit, ihn zu empfangen, wenn er bei mir einkehren will.

Aufbrechen – hier meint es für mich: aushalten, ausharren, in der Erwartung leben. Nicht in verzweifelter Erwartung auf die ersehnte Errettung hin, sondern in der vertrauensvollen, zuversichtlichen, gelassenen Erwartung, daß Er kommt.

Gestern bin ich am Abend müde bei dem Kloster der Camaldolenser in Big Sur angekommen. Ich fragte nach einem Bruder, den ich zu meiner Studienzeit in Berkeley kennengelernt hatte, und erfuhr von dem überraschten Mönch, daß dieser Bruder nicht länger zu ihrer Gemeinschaft gehöre. Während ich zur Kirche ging, überkam mich der Gedanke: wie es wäre, wenn da überhaupt nichts wäre, wenn alles, was wir uns von Gott ausgedacht haben, nicht stimmte. Für eine Weile erzeugte diese Frage eine tiefe Depression in mir. Wie, so fragte ich mich weiter, muß das z.B. für einen Mensch sein, der hier lebt und plötzlich merkt: Ich weiß gar nicht, warum ich so leben soll, es gibt mir keinen Sinn mehr, es nährt mich nicht mehr, ich bin einer Täuschung aufgesessen. Da muß doch eine tiefe Trostlosigkeit aufkommen, ein solcher Mensch muß doch verzweifeln. Ich konnte es dann auch kaum in der Kirche aushalten, die mir so ungastlich und fremd erschien.

Ich lese zur Zeit den Briefwechsel zwischen Thomas Merton und Rosemary Radford Ruether (vgl. Tardiff 1995). In einem Brief an sie spricht Merton davon, daß er sich manchmal fragt, ob er – er spricht von der Kirche – einem großen Schwindel aufgesessen sei. Für ihn gibt es keinen Zweifel, daß Christus in einer grundsätzlichen Weise in der Welt präsent ist. Doch, so fragt er, ist er dort, wo wir alle sagen, daß er ist. „Wir zeigen alle (in verschiedene Richtungen), und ich fürchte, daß wir alle in die falsche Richtung weisen."

Für mich war es als junger Erwachsener – ich war noch Student – wichtig, mich von einer Kirche zu verabschieden, die ich als mich einengend, als bedrückend, zu sehr nach Weihrauch riechend erlebt habe. Ich erinnere mich noch gut daran, wie ich damals in Frankfurt in eine Kirche ging und mich ganz bewußt von der Kirche verabschiedete, in deren stickiger Atmosphäre ich nicht länger leben wollte. Dieser Verabschiedung war eine harte Zeit vorausgegangen, in der ich mich von meiner früheren Absicht, Priester zu werden, verabschiedete.

Das alles kommt mir in den Sinn, wenn ich an meine gestrige Erfahrung denke. Und wieder spüre ich, daß sich augenblicklich etwas in mir anbahnt, das mit einem Abschied einhergeht, daß ich, um dem, was in mir neu aufbrechen will, Platz zu schaffen, zuvor anderes verabschieden und loslassen muß. Muß ich loslassen von einer bestimmten Vorstellung von Gott? Überhaupt von den Bildern, die ich mir mit der Zeit von Gott zurechtgebastelt habe? Meint *das*, daß ich mir kein Bild von Gott machen soll, daß ich mir innerlich kein Bild von ihm zurechtzuzimmern soll, das irgendwann nicht mehr stimmt, nicht mehr trägt, nicht länger nährt? Muß ich so manche Vorstellung von dem, was richtig und falsch ist, lassen? Und muß ich das, was für mich wichtig ist, was ich hegen und pflegen möchte und was ich als wertvoll erachte, einfach mehr zulassen, und das, was dagegen verstößt, loslassen?

Wenige Stunden später: Ich bin wieder in der Immaculate Heart Hermitage der Camaldolenser zur Eucharistiefeier. Die Sonne strahlt. Jetzt sitze ich in der gleichen Kirche wie gestern. Nichts mehr spüre ich von dem Abweisenden, das gestern noch so stark anwesend war. Ich freue mich auf die Eucharistiefeier. Ich will einfach da sein, will mich anbieten als Ansprechpartner Gottes. Ich bin bereit, mich von Ihm berühren zu lassen. Ich will es nicht erzwingen, nicht einmal erwarten. Allein, ich bin bereit, wenngleich ich im gleichen Atemzug auch eine Beklemmung spüre – oder ist es gar Angst? –: Was ist, wenn du mich tatsächlich berührst, gar etwas in mir anrührst?

3. AUFBRECHEN HEIßT LOSLASSEN

Ich sehe vor mir die Tür und ich öffne sie. Sie führt mich hinaus. Vor allem aber führt sie mich heraus aus dem Käfig, in dem ich eingesperrt bin und in den ich mich eingesperrt habe. Noch will ich es nicht wahrhaben, doch es ist so. Ich bin es, der festhält an Phantasien, an Wünschen, an Erwartungen, die mich zurückhalten und verhindern, daß ich einfach losmarschiere, nach vorne gehe, aufbreche. Dabei muß ich nur die Türe öffnen und alle diese Phantasien und Erwartungen hinter mir lassen. Ich weiß, wenn ich sie öffne, bin ich frei, dann kann mein Leben wieder frei fließen, vermag ich wieder Freude über das zu empfinden, was ich habe, vor allem aber, was ich bin. Und doch zögere ich. Es gibt eine Kraft in mir, die mich lahmzulegen scheint, bis ich einfach aufstehe, die Türe öffne und mich von der Kraft, die nur darauf wartete, zugelassen zu werden, davontragen lasse. Jetzt gibt es kein Zurück mehr. Die Tür ist offen. Ein letztes Aufbäumen, ein letzter Blick zurück und dann bleibt nur noch ein Sich-Ergeben. Ich überlasse mich den Fluten, die mich davontragen. Nach vorne. Sie tragen mich davon, mitten ins Leben, befreit von den Fesseln, die mich einst darnieder liegen ließen.

Aufbrechen heißt loslassen. Aufbrechen kann ich erst, wenn ich loslassen kann. Auf-Brechen/Los-Lassen. Ich lasse los, obwohl das so unheimlich schwer ist. Nein, ich will nicht! Alles in mir bäumt sich dagegen auf. Es tut so weh loszulassen. Ich überlebe das nicht! Das bringt mich um! Und doch: ich will loslassen, ich lasse los, jetzt lasse ich los, ich lasse sie, ihn los, und schon schweben sie davon, immer schneller, der Abstand zu ihnen wird immer größer. Jetzt sehe ich sie kaum mehr. Jetzt sind sie verschwunden. Ich bin sie los. Das klingt hart. Es ist auch hart für mich. Doch es stimmt auch. Ich bin sie los. Sie halten mich nicht länger fest, besetzen mich nicht länger, halten mich nicht länger gefangen wie in einem Gefängnis. Es wird noch eine Weile dauern, bis ich mich wirklich frei und befreit fühle. Diesmal habe ich es geschafft. Wie gerne hätte ich es früher öfter geschafft. Doch ich vermochte es nicht. Es schien mir, als müßte ich meinen eigenen Golgotha besteigen. Ich brach zusammen und gab auf. Ich gab auf, loszulassen. Ich ergab mich.

Jetzt bin ich meinen Weg gegangen. Jetzt bin ich bereit, meinen Golgotha zu besteigen. Jetzt habe ich losgelassen, bin ich aufgebrochen, um aufzubrechen, mich hinzugeben, hineinzugeben, in das, was mich erwartet, in das, was mir zugedacht ist.

Liebe hat etwas mit Los-Lassen und Los-lassen-Können zu tun. Sie ist etwas anderes, als abhängig von jemand zu sein, süchtig nach jemanden oder besetzt von jemanden zu sein. Wenn ich süchtig, besetzt, abhängig von jemandem bin, hänge ich fest. Ich bin auf diese Person fixiert. Nur sie macht mich glücklich, allein sie erfüllt meine sexuellen Wünsche usw. Alles dreht sich nur um sie. Ich mag denken: Das ist die große Liebe, die Liebe, die stärker ist als der Tod. Weit gefehlt! Genau das ist es eben nicht. Die Liebe, die stärker ist als der Tod, ist stärker als Abhängigkeit, besessen sein, süchtig sein. Liebe ist in der Lage, frei zu fließen, hin und zurück. Sie erstarrt nicht in Form von Besessenheit und Abhängigkeit zu einer Salzsäule. Liebe fällt auch nicht einer Attraktivität zum Opfer. Sie ist stärker, vor allem aber darf sie nicht verwechselt werden mit Angezogen-Werden. Liebe kann sich als die Kraft erweisen, die letztlich dazu beiträgt, daß die Sucht, die Abhängigkeit, die Besessenheit aufgebrochen wird, als die Kraft, die aufbricht, und der Aufbruch weg von der Abhängigkeit und der damit verbundenen Enge, hinaus in die Freiheit und in die Weite. Liebe ist stärker als der Tod. Sie kann helfen, den „Tod" Leblosigkeit, die reduzierten Lebensmöglichkeiten, die mit Sucht, Besessenheit und Abhängigkeit einhergehen, zu überwinden, um Leben, wahres Leben zu ermöglichen.

Ich kann dann aufbrechen, wenn ich mit meiner inneren Stärke in Berührung bin; wenn ich diese innere Kraft spüre, die Stärke, die ersehnte Kraft, die mich festhält. Es ist der Moment, wenn mein Wille sozusagen davon Besitz ergriffen hat oder anders gesagt die Energie, die Kraft in mir, die durch meinen Willen gleichsam gebündelt worden ist. Dadurch besitze ich diese Energie und kann sie einsetzen. Voraussetzung dafür ist, daß ich mit meinem Willen in Berührung bin und mir klar ist, was ich will. Erst dann können sich die Kräfte in mir sammeln, deren es bedarf, den Willen in Aktion zu bringen.

Wenn man einmal am eigenen Leib und an der eigenen Seele, im eigenen Suchen, Kämpfen und inneren Schmerz die Erfahrung machen durfte, wie gewaltig der Einfluß des Willens sein kann, hat man ihn einmal gefunden und überläßt man sich seiner Führung, dann ist man überrascht von seiner Macht. Man ist zugleich auch überrascht von der eigenen Macht und der eigenen Kraft. Mag man sich vorher noch fremden oder auch eigenen Kräften ausgesetzt gefühlt haben, so erlebt man sich jetzt als eine Einheit, gesammelt, ja gerüstet. Jetzt bin ich soweit, jetzt kann es weitergehen. Ich bin dafür vorbereitet.

4. SURRENDER – MICH GANZ UND GAR AUSLIEFERN

Im Englischen gibt es das Wort „surrender". Am besten ist es wohl mit „sich übergeben" zu übersetzen, wenngleich darin für mich nicht ganz das zum Ausdruck kommt, was ich mit „surrender" verbinde. Es ist ein Sich-Ausliefern an jemanden, an etwas, dem ich mich zugesagt habe. Ich werde nie erfahren, was Liebe wirklich meint, wenn ich mich nicht einem anderen Menschen ganz hingeben kann.

Erst wenn ich mich wirklich auszuliefern, mich ganz hinzugeben vermag, kann ich aufbrechen – auch, weil ich erst dann aufgebrochen bin und nichts mehr zurückhalte. Der Lohn des Sich-Übergebens ist – habe ich den Moment erreicht, an dem es mir möglich ist, mich zu übergeben – Ruhe, Gelassenheit, Friede. Es ist zugleich der Augenblick, in dem ich „Ja" sage zu meinem Sterben und nicht länger so tue, als gelte das eigentlich nicht für mich. Nein. Ich kann aufbrechen, ich kann mich hingeben, ich kann loslassen, weil ich mich nicht länger am Leben oder dem, was ich für Leben erachte, festhalte. Ich kann mich übergeben und aufbrechen, weil ich bereit und gerüstet bin, dafür zu sterben, dem Tod entgegenzugehen. Darin liegt nichts Trauriges, nichts Schmerzvolles – wenigstens jetzt nicht mehr, da ich bereit bin, im Unterschied zu der Zeit, als ich nicht dazu bereit war. Darin liegt etwas Befreiendes und Erlösendes.

In dem Augenblick, in dem ich mich ganz auszuliefern vermag, wächst mir, so paradox das zunächst erscheinen mag, eine bisher unbekannte innere Stärke zu. Jetzt da ich loslasse, den langen, harten, aufreibenden Kampf des Festhaltens beende, meine vermeintliche Kraft, die ich dabei investiere, aufgebe, erfüllt mich von meiner Mitte her und aus meiner inneren Tiefe heraus eine Kraft, die einfach da ist, die sich nicht aufbraucht im Festhalten. Diese innere Stärke schenkt diesem Festhalten ein liebevolles, einfühlendes Lächeln, ohne Arroganz und Abwertung. Sie weiß, wie ehrlich dieses Ringen und Festhalten war, mit wievielen Schmerzen und innerem und äußerem Aufbäumen es verbunden war. Diese innere Kraft weiß auch, wie schnell es geschehen kann, daß sie wieder in der Versenkung verschwindet und das Festhalten wieder die Führung übernimmt, bis – hoffentlich – schließlich das Sich-Ergeben wieder Platz greift und Leben und Sterben wieder ihren Rhythmus finden, ungehindert durch ein letztlich fruchtloses Festhalten.

Die Offenheit für das Sterben, mein Sterben, der Blick auf den Tod, – sie erst ermöglichen Aufbruch zum wahren Leben. Erst die bedingungslose Akzeptanz der Unausweichlichkeit von Sterben und Tod entläßt alle Kräfte in mir zum Leben und für das Leben. Sie halten mich nicht ab vom ganzen Leben, wie mancher vielleicht annehmen mag.

Während ich gerade an einem Septembermorgen in einem Park in der Nähe Washingtons über dieses Thema nachdenke, kommen mir für einen Augenblick keine neuen Gedanken. Vielmehr nehme ich an mir und in mir wahr, wie mich diese Gedanken mit innerem Frieden erfüllen. So verharre ich einfach für eine Weile, genieße die Sonne, bin einfach da, bin meiner bewußt, meines Seins. Ich atme tief durch. Ich nehme die Geräusche um mich wahr: die Grillen, Geräusche der Lüftung, Geräusche vom Highway, von Bauarbeiten. Ich bin mir meiner Endlichkeit bewußt. Heute schon kann mein Leben enden. Das ist eine unumstößliche Wirklichkeit, die mir keine Angst einflößt, die mich nicht in Unruhe versetzt und mich jetzt etwa dazu verleiten würde, etwas anderes zu tun, als das, was ich gerade tue: dasitzen, schweigen, innehalten, nach innen lauschen. Mit dem Tod, so spüre ich, verbinde ich nicht mein Ende. Ich verbinde damit einen Übergang, eine weitere Entwicklung und Entfaltung, ein weiteres und radikaleres Loslassen und Aufbrechen, als ich es zu Lebzeiten versuchte. Ich spüre jetzt nur noch die tiefe innere Freude, in meiner Offenheit für das Sterben und den Tod wieder neues Leben entdeckt zu haben. Ich registriere freudig, in dieser Offenheit Abschied nehmen zu können von dem, was war, aber nicht mehr ist und nie mehr sein wird. Statt an dem, was nicht mehr ist, vielleicht nie war, nie wahr sein wird, festzuhalten, lasse ich alles los, lasse ich mich los und breche auf in das Leben und Sterben, dem Tod entgegen, wenn ich eines Tages ganz loslasse, endgültig, wenn ich aufbreche in die Ewigkeit.

Mein eigenes wahres Selbst sein zu wollen, daraus erwächst die Kraft, die es ermöglicht, aufzubrechen. Ich bin in Berührung mit dem, was ich will und was auch authentisch zu mir gehört, und dennoch gibt es etwas, das mich davon abhält, das zu sein. Es ist stark und bedrängt mich. Will ich mein wahres Selbst sein, bleibt mir nichts anderes übrig, als von dem her, was ich als mein wahres Selbst erkannt habe, meinen Weg zu gehen, Zentimeter für Zentimeter, Schritt für Schritt. Will ich mir selbst treu bleiben, bleibt mir keine andere Wahl.

Ein wahres Selbst duldet keine Kompromisse und muß sich nicht verstecken. Es kann sich gar nicht verstecken, will es nicht Gefahr laufen, dadurch in seiner Entfaltung und Verwirklichung beeinträchtigt zu werden. Es muß atmen können, benötigt Raum, Bewegung.

Wenn ich aus meinem wahren Selbst heraus handle, dann gehe ich offen und öffnend nach vorne, dann vermag ich Türen aufzuschließen und in neue Bereiche vorzudringen. Ich bin dann voll präsent und verfügbar und muß keine Winkelzüge mehr machen. Auch muß ich mich nicht mehr verkriechen. Ich kann dann geradewegs nach vorne gehen und auf andere zugehen. Diese Beweglichkeit, diese Möglichkeiten bauen mich auf, nähren mich, erfüllen mich mit Genugtuung, verschaffen mir ein Gefühl von Zufriedenheit und Freude.

5. „NICHT DER WEG IST DAS SCHWIERIGE, SONDERN DAS SCHWIERIGE IST DER WEG"

Ich kann an dem festhalten, was mich klein bleiben läßt und mein Weitergehen, mein Weiter-Wachsen behindert. Oder aber ich kann mich davon lösen und das umarmen und mich nach dem ausstrecken, was mich nach vorne gehen läßt, mein inneres Weiterwachsen fördert. Sobald ich einmal erkannt habe, daß mein Festhalten *mich* festhält, *meinen* Spielraum einengt, dürfte es mir leichter fallen, mich zu lösen, wenngleich es auch in der Regel noch einiger Zeit bedarf, bis ich dann tatsächlich mich endgültig losreißen kann.

Das gilt auch dann, wenn ich merke, daß ich mich an etwas festhalte, das mir schadet. Das mag eine Person, ein Engagement, eine Sache sein. Auch dann kann es schwer sein, sich wirklich davon zu lösen, etwa wenn ich von dieser Person abhängig oder sehr in einer Sache engagiert bin. Doch das Wissen, daß ich mir Schaden zufüge, kann mir helfen, jenen mitunter harten Schritt zu vollziehen, der mich von dem trennt, was ich bisher umarmt habe und frei werden läßt für den Schritt nach vorne.

Oft ist es dabei so, daß ich zwar weiß, ich muß diesen Schritt vollziehen, ich muß den Weg, den ich bisher gegangen bin, beenden, ich muß wegziehen und weggehen von dem, was bisher galt und mir wichtig war, zugleich aber weiß ich auch nicht, wo es weitergeht, welcher Weg zu beschreiten ist. Ich weiß nur: Ich muß nach vorne gehen.

„Es geht darum, einen Weg zu verfolgen, den man mit jedem Schritt erst zu erschaffen scheint, einen Weg, der unsichtbar bleibt, wenn man nicht das Wagnis unternimmt, ihn zu beschreiten. Dieses „Licht auf meinem Pfad", von dem ein Psalm Davids spricht, erhellt den vorgezeichneten Weg nicht weit, der nur „zu meinen Füßen" liegt, es gibt nur soviel Licht, um den ersten Schritt zu tun; der Pfad entsteht erst unter den Schritten, die ihn austreten ... So im Leben voranzuschreiten, heißt praktisch im Unwahrscheinlichen leben ... Kierkegaard wurde nicht müde, auf diesen Begriff hinzuweisen ... Aber die Unwahrscheinlichkeit akzeptieren, bedeutet nicht nur, den allgemeinen Rezepten des Erfolgs zu entsagen, sondern jeder Rechtfertigung vor der öffentlichen Meinung und in gewissen Fällen auch vor der Moral. Es bedeutet das absolute Risiko. Welche Hilfe ... wird uns Kierkegaard bieten? Genau genommen ist die einzige Hilfe, die er uns vorschlägt, das Leid, wenn er jenen gedankenschweren Satz niederschreibt: ‚Nicht der Weg ist das Schwierige, sondern das Schwierige ist der Weg'" (Denie de Rougemont, zit. in: Thomas Mann 1995, 447).

EPILOG

„DENN DU HAST MEINE SEELE STILL GEMACHT"

Heilung – das bedeutet Labsal für die Seele. Heilung kann geschehen, wenn die Seele Nahrung bekommt, eine Nahrung, die ihr eignet, nach der sie verlangt. Es ist, als sauge sich die ausgehungerte Seele voll von dem, was ihr als Speise geschenkt wird. Manchmal mögen wir es gar nicht von vorneherein wissen, daß dieses oder jenes Nahrung für unsere Seele ist, bis wir spüren, daß die tiefste Seite in uns ihr Wohlbefinden kundtut. Der Grund in uns ist wohlgestimmt und signalisiert: Es geht mir gut, ich bin satt geworden. Wenn unsere Seele die Nahrung bekommt, nach der sie verlangt, wenn die Zugänge zu ihr frei sind, so daß die Nahrung, nach der sie sich sehnt, zu ihr gelangen kann, kann Heilung geschehen, wird etwas in mir, das vorher vernachlässigt, ungesättigt war, gewürdigt und ge-sättigt.

Obwohl ich unruhig schlafe, spüre ich in mir eine große Ruhe. Da ist etwas, das sich heilend auf mich auswirkt. Ich spüre, wie sich Frieden in mir und über mich ausbreitet. Ich komme mir vor, wie nach einem Seelenbad, bei dem meine Seele sich in wohligem, angenehmen Wasser baden und erquicken konnte und anschließend mit ihr guttuenden Salben eingerieben und versorgt wurde. Was mich beschwerte, lastet im Augenblick nicht länger auf mir.

Es ist ein Gefühl, als habest du, Gott, meine Seele stille gemacht, mich gestillt. Sie ist für den Augenblick ruhig, genährt. Und sie zeigt mir ihre Dankbarkeit, indem sie mich mit einem friedlichen, ruhigen Gefühl beschenkt. Sie läßt mich ihre Anwesenheit spüren, öffnet sich mir. Stärker als sonst darf ich erahnen, wie tief und umfassend sie in mir wohnt. Sie öffnet mich nach unten, läßt mich in Berührung kommen mit der Unendlichkeit, zu der sie hinströmt und in der sie ihren Ursprung hat. Das aber läßt mich verankert, verwurzelt sein, läßt mich verbunden sein mit dieser Unendlichkeit, auf die hin ich selbst ströme und von der her ich umfangen und umfaßt bin. Das ist ein erhabenes und mich tragendes Gefühl. Es ist die Erfahrung von Umfangensein und Umfaßtsein – und das inmitten einer zerrissenen, entwurzelten, haltlosen, umfassungsfernen Welt. „Denn du hast meine Seele stille gemacht. In dir, mein Gott."

LITERATUR

Bush, Bernard, Living in his Love, Whitinsville 1978

Freud, Sigmund, Werkausgabe in 2 Bdn., Bd. 2, Frankfurt 1978

Furlong, Monika, Alles was ein Mensch sucht. Thomas Merton, ein exemplarisches Leben, Freiburg 1980

Gilmartin, Richard J., Pursuing Wellness. Finding Spirituality, Mystic 1996

Goldbrunner, Josef, Seelsorge – eine attraktive Aufgabe. Bausteine zu einer Pastoraltheologie, Würzburg 1990

Griffin, Howard, Follow the Ecstacy. The Hermitage Years of Thomas Merton, New York 1993; dt.: Gehe der Ekstase nach. Die Einsiedlerjahre von Thomas Merton, Münsterschwarzach 1997

Grün, Anselm/Müller, Wunibald (Hg.), Intimität und zölibatäres Leben, Würzburg 1995

Hora, Thomas, Existential Metapsychiatry, New York 1977

Jung, Carl Gustav, Bewußtes und Unbewußtes, Frankfurt 1972

Jung, Carl Gustav, Ein großer Psychologe im Gespräch. Interviews, Reden, Begegnungen, Freiburg 1994

Maslow, Abraham, Motivation and Personality, New York 1970

Maslow, Abraham, Psychologie des Seins. Ein Entwurf, Frankfurt 1994

Merton, Thomas, Verheißung der Stille, Einsiedeln 1951

Merton, Thomas, Brot in der Wüste, Einsiedeln 1955

Merton, Thomas, Conjectures of a Guilty Bystander, New York 1966

Moore, Thomas, The Art and Pleasure of Caring for the Soul, in: Simpkinson, Anne u.a. (Hg.), Nourishing the Soul, San Francisco 1995

Moore, Thomas, Care of the Soul, New York 1994

Rogers, Carl, The Consultant Clinic, in: Pastoral Psychology Nr. 8, 1958

Rupp, Joyce, Dear Heart, Come Home, New York 1996

Tardiff, Mary (Hg.), At Home in the World. The Letters of Thomas Merton & Rosemary Radford Ruether, New York 1995

Teilhard de Chardin, Pierre, Der Mensch im Kosmos, München 1994

Thoreau, Henry David, Walden oder das Leben in den Wäldern, Zürich 1979

Tyrell, Thomas J., Urgent Longings, Mystic 1994

Wyss, Dieter, Lieben als Prozeß, Göttingen 1975

Bücher von

Wunibald Müller

für ein gelingendes Leben

**Ekstase – Sexualität
und Spiritualität**
2. Aufl. 1993. 128 S. Kt.
ISBN 3-7867-1642-0

**Von der Sehnsucht
heimzukehren**
2. Aufl. 1997. 128 S. Kt.
ISBN 3-7867-1919-5

Intimität
Vom Reichtum ganz-
heitlicher Begegnung
3. Aufl. 1995. 128 S. Kt.
ISBN 3-7867-1406-1

**Als Bischof Benno
anfing zu leben**
Eine Erzählung
1996. 160 S. Klappenbr.
ISBN 3-7867-1944-6

**Die Ehre Gottes ist
der lebendige Mensch**
Selbstverwirklichung
als Menschwerdung
2. Aufl. 1996. 128 S. Kt.
ISBN 3-7867-1822-9

Ganz Ohr
Grundhaltungen in
der seelsorglichen und
spirituellen Beratung
2. Aufl. 1995. 136 S. Kt.
ISBN 3-7867-1751-6

Liebe und Zölibat
Wie eheloses Leben
gelingen kann
2. Aufl. 1995. 160 S. Kt.
ISBN 3-7867-1776-1

Empathie
Der Seele eine
Stimme geben
1991. 122 S. Kt.
ISBN 3-7867-1536-X

Matthias-Grünewald-Verlag · Mainz